아재개발자들 유튜브 공식 교재

> 처음이야?

파이썬
기초

윤영빈, 오환, 이용희 공저

YoungJin.com **Y.**
영진닷컴

파이썬 기초

1판 1쇄 2025년 6월 20일

ISBN 978-89-314-7800-6

독자님의 의견을 받습니다.

이 책을 구입한 독자님은 영진닷컴의 가장 중요한 비평가이자 조언가입니다. 저희 책의 장점과 문제점이 무엇인지, 어떤 책이 출판되기를 바라는지, 책을 더욱 알차게 꾸밀 수 있는 아이디어가 있으면 팩스나 이메일, 또는 우편으로 연락주시기 바랍니다. 의견을 주실 때에는 책 제목 및 독자님의 성함과 연락처(전화번호나 이메일)를 꼭 남겨 주시기 바랍니다. 독자님의 의견에 대해 바로 답변을 드리고, 또 독자님의 의견을 다음 책에 충분히 반영하도록 늘 노력하겠습니다.

주소 : (우)08512 서울특별시 금천구 디지털로9길 32 갑을그레이트밸리 B동 10층 (주)영진닷컴

이메일 : book2@youngjin.com

※ 파본이나 잘못된 도서는 구입처에서 교환 및 환불해드립니다.

STAFF

저자 윤영빈, 오환, 이용희 | **총괄** 이혜영 | **진행** 김선희 | **디자인** 김효정 | **편집** 신혜미

영업 박준용, 임용수, 김도현, 이윤철 | **마케팅** 이승희, 김근주, 조민영, 김민지, 김진희, 이현아

제작 황장협 | **인쇄** 제이엠

저자의 말

파이썬 입문자 여러분, 프로그래밍의 첫걸음을 내딛으신 것을 진심으로 환영합니다. 저희 또한 처음 이 길을 걸었을 때의 설렘과 막막함을 기억합니다. 이 책은 바로 그 경험을 바탕으로, 여러분이 파이썬의 기초를 쉽고 재미있게 익힐 수 있도록 함께 고민하며 만들었습니다.

저희와 함께 파이썬을 배워나갈 특별한 친구, 꼬물이를 소개합니다. 꼬물이는 단순한 안내자를 넘어, 때로는 여러분의 질문에 공감하고, 때로는 함께 답을 찾아나가는 동료가 될 것입니다. 꼬물이가 파이썬의 세계를 탐험하며 성장하듯, 여러분 또한 꼬물이와 함께 즐겁게 배우고 성장해 나가기를 바랍니다.

프로그래밍은 새로운 언어를 배우는 것과 같습니다. 처음에는 낯설고 어렵게 느껴질 수 있지만, 꾸준히 노력하면 어느새 원하는 것을 표현할 수 있게 됩니다. 파이썬은 입문자에게 비교적 친절한 언어이지만, 처음 배우는 과정은 누구에게나 쉽지 않습니다. 저희는 여러분의 어려움을 잘 이해하고 있으며, 이 책을 통해 기본적인 개념부터 차근차근 함께 헤쳐나갈 것입니다.

이 책에서는 데이터를 담는 '자료형', 프로그램의 흐름을 제어하는 '조건문'과 '반복문', 효율적인 코드 작성을 위한 '함수'와 '클래스', 그리고 코드를 체계적으로 관리하는 '모듈'과 '패키지' 등 파이썬의 핵심 내용을 다룹니다. 각 장마다 쉬운 설명과 함께 실제 코드를 실행해 볼 수 있는 예제를 준비했으며, 연습문제를 통해 스스로 학습 내용을 점검하고 응용력을 키울 수 있도록 구성했습니다.

파이썬은 웹 개발, 데이터 분석, 인공지능 등 다양한 분야에서 강력한 도구로 활용됩니다. 이 책을 통해 여러분은 파이썬의 기초를 튼튼히 다지고, 실제 문제를 해결하는 능력을 키울 수 있을 것입니다. 꼬물이와 함께 파이썬의 세계를 탐험하며, 여러분의 상상력을 코드로 펼쳐보세요. 학습 과정에서 어려움을 느낄 때도 있겠지만, 저희와 꼬물이를 믿고 함께 나아가면 분명 즐거운 결실을 맺을 수 있을 것입니다. 여러분의 파이썬 학습 여정을 항상 응원하겠습니다.

저자 윤영빈, 오환, 이용희

파이썬이 도대체 뭔데?

Q 파이썬 프로그래밍 언어란 무엇이며, 코딩과는 어떤 관련이 있나요?

A 파이썬은 컴퓨터에게 작업을 지시하는 언어입니다. 꼬물이가 움직이듯 코드를 통해 컴퓨터를 제어하는데, 이때 컴퓨터가 알아듣게끔 코딩이라는 작업을 진행합니다. 0장에서는 파이썬 설치 후 "Hello World"를 출력하게 지시해보며 코딩을 시작합니다.

Q 프로그래밍 경험이 없는 초보자도 파이썬을 배우는 것이 어렵지 않을까요?

A 파이썬은 초보자에게 비교적 쉬운 언어입니다. 꼬물이가 처음엔 서툴지만 코드를 따라하면서 점차 능숙해지듯이, 차근차근 배우면 됩니다. 1장에서 배우게 될 print()와 input() 함수부터 기본적인 입출력 방법을 익혀 봅시다.

Q 파이썬을 배우면 어떤 종류의 작업을 할 수 있게 되나요?

A 파이썬은 웹 개발, 데이터 분석, 인공지능 등 다양한 분야에 활용됩니다. 모든 프로그래밍의 기초인 조건문과 반복문을 5장과 6장에서 학습하여 기초적인 흐름 제어 방법을 공부해 봅시다.

Q 여러 프로그래밍 언어 중에서 파이썬을 선택해야 하는 이유는 무엇인가요?

A 파이썬은 문법이 간결하고 배우기 쉬우며, 다양한 분야에서 활용이 가능합니다. 파이썬만이 가지고 있는 자료형과 함수를 사용하는 방법을 각각 2장과 7장에서 배워봅시다.

Q 전문 개발자가 아니어도 파이썬 학습이 도움이 될까요? 실생활에 적용 가능한 사례가 있을까요?

A 물론입니다. 파이썬은 업무 자동화나 데이터 분석에도 유용합니다. 꼬물이가 정보를 찾듯이, 파이썬으로 엑셀 작업 등을 효율화할 수 있습니다.

Q 이 책을 통해 파이썬을 능숙하게 다룰 수 있을까요? 향후 학습 방향은 어떻게 설정해야 할까요?

A 이 책은 파이썬 기초를 튼튼히 다지는 데 목표를 두고 있습니다. 꼬물이가 성장하듯이, 꾸준히 학습하면 실력이 향상될 거예요. 8장에서는 클래스를, 9장에서는 예외 처리를 배우며 더 깊이 있는 학습을 위한 기반을 마련해 봅시다.

이 책의 200% 활용법

이 책의 활용하기

파이썬 완전 초보를 위해 자세하고 정확하게 집필했어요.

공부하면서 궁금한 점이나 어려운 내용들은 저자들과 소통하면서 파이썬 정복을 위해 모두 화이팅!

파이썬 설치하기 ▶ 20쪽

파이썬을 공부하면서 가장 중요한 것은 직접 파이썬 코드를 작성해 보는 거예요.

파이썬 홈페이지에서 프로그램을 설치하고 도서의 따라하기와 실습문제를 직접 입력해 보세요.

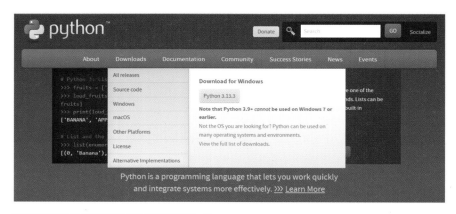

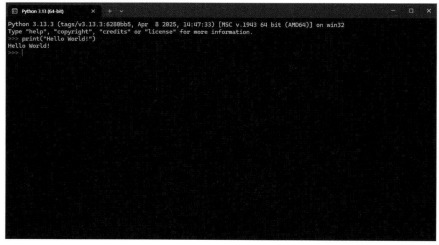

깃허브 활용하기

github.com/ajaedevs

소스코드 다운로드, 실습문제 정답 다운로드, 추가 자료들까지 많이 가져가세요.

다운로드

책에서 사용된 모든 소스코드를 다운로드 받을 수 있습니다.

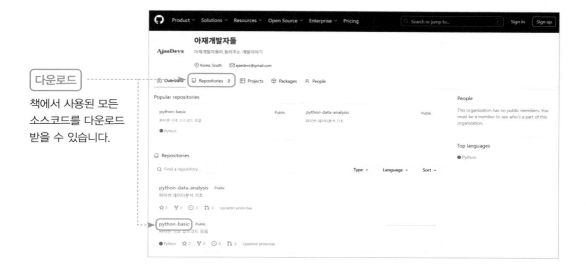

함께 공부하기

www.youtube.com/@ajaedevs

유튜브 '아재개발자들' 채널 공식 교재!

동영상 강의와 함께 공부하면서 모르는 내용은 저자에게 직접 질문할 수 있어요!

파이썬 설치

개발 도구 사용법

기본적인
출력과 입력

주석의 이해

출발

0~1장
파이썬과 친해지기

2~4장
기본 다지기 :
데이터와 연산의 기초

파이썬 설치

연산자 활용

리스트, 튜플, 사전

집합 자료형 학습

숫자형, 문자열, 논리형

5~6장
흐름 제어 :
프로그램의 논리적인
흐름 만들기

if

for, while 반복문

함수 정의 및 호출

else, elif 조건문

7~8장
코드 구조화 :
효율적인 코드 작성을
위한 도구

매개변수와
반환 값

클래스와 객체

모듈과 패키지 사용법

예외 처리

도착

파일 입출력

9~11장
고급 활용 :
오류 관리 및
외부 세계와 소통

객체 지향
프로그래밍 기초

4주 완성 학습플랜

1주차   0~1장 파이썬 개발 시작 및 기본 개념 익히기

- 파이썬 및 개발 도구 설치 및 실행해보기
- 교재의 예제 코드 직접 따라 쳐보고 실행 결과 확인하기
- 연습 문제 풀어보며 개념 이해도 점검하기
- 추가 팁: 파이썬 커뮤니티나 온라인 자료를 통해 궁금한 점 질문하고 해결하기

2주차   2~4장 파이썬 기본 자료형과 연산자 익숙해지기

- 각 자료형의 특징과 사용 예시 학습하고 직접 변수에 할당하여 사용해보기
- 다양한 연산자를 조합하여 간단한 계산 및 비교 연산 수행해보기
- 자료형과 연산자를 활용한 짧은 코드 작성해보기
- 추가 팁: 각 자료형별로 자주 사용되는 내장 함수들을 찾아보고 사용법 익히기

3주차   5~7장 프로그램 흐름 제어하기

- 다양한 조건문을 활용하여 프로그램의 논리적인 흐름 제어해보기
- 자주 사용되는 코드를 함수로 정의하고 호출하여 코드의 효율성 높여보기
- 조건문과 반복문, 함수를 결합하여 좀 더 복잡한 로직 구현해보기
- 추가 팁: 순서도나 의사코드를 활용하여 프로그램의 흐름을 설계해보고 코드로 구현해보기

4주차   8~11장 다음 단계를 위한 기초 다지기

- 객체 지향 프로그래밍의 기본적인 개념(캡슐화, 상속, 다형성 등) 학습 시작하기
- 예외 처리를 통해 프로그램 오류 제어하기
- 간단한 파일 입출력을 통해 프로그램 외부와 소통해보기
- 모듈과 패키지의 개념 익히기
- 추가 팁: 자신이 관심 있는 분야의 간단한 문제를 함수나 클래스를 활용하여 모델링하고 코드로 작성해보기

목차

4장 비시퀀스 자료형

5장 조건문

6장 반복문

7장 함수

별책부록　**핵심노트**

장

파이썬 개발 환경 구축

파이썬 세계로 향하는 설레는 첫걸음입니다. 마치 꼬물이가 새로운 탐험을 시작하기 전에 꼼꼼히 준비하듯이, 이 장에서는 여러분의 컴퓨터에 파이썬 개발 환경을 구축하는 방법을 자세히 안내합니다. 파이썬 공식 웹사이트를 통해 최신 버전의 파이썬을 다운로드하고 설치하는 과정을 꼬물이와 함께 따라 해 볼 것입니다. 더불어 파이썬의 버전 체계에 대한 기본적인 이해를 돕고, 파이썬 코드를 작성하고 실행할 수 있는 통합 개발 환경인 IDE를 소개합니다. 마지막으로, 프로그래밍의 기본 중의 기본인 "Hello World!" 코드를 직접 작성하고 실행해 보면서, 앞으로 파이썬을 배우고 활용하는 데 필요한 기본적인 준비를 완벽하게 마칠 것입니다.

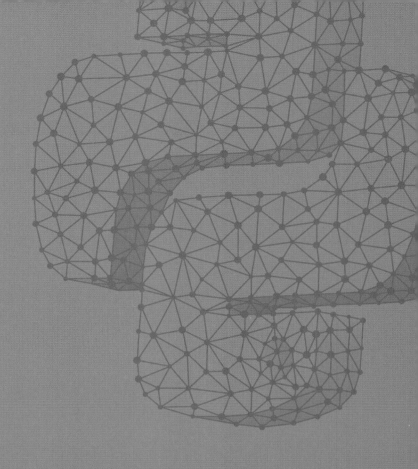

무엇을 배워볼까요?

학습목표 1: 파이썬 공식 웹사이트에서 파이썬을 다운로드하고 설치하여 기본적인 개발 환경을 구축해본다.

학습목표 2: 파이썬 코드를 작성하고 실행할 수 있는 IDLE 개발 환경의 기본적인 사용법을 익혀본다.

학습목표 3: 간단한 "Hello World!" 코드를 작성하고 실행하여 파이썬이 정상적으로 작동하는지 확인해본다.

0.1 파이썬 설치하기

 영상 보러가기

파이썬의 버전

파이썬 프로그램은 파이썬 공식 웹사이트(https://www.python.org/)에 접속하여 다운로드할 수 있다.

파이썬 공식 웹사이트에 접속하여 "Download"를 선택하면 다양한 숫자로 이루어진 파이썬의 버전을 확인할 수 있다. 파이썬의 버전 규칙은 "주 버전.부 버전.수정 버전"의 형태를 가진다. 각각의 버전에 대한 상세한 내용은 다음과 같다.

종류	설명
주 버전(Major Version)	기존 코드와 호환되지 않는 큰 변화가 있을 때 증가하는 버전
부 버전(Minor Version)	새로운 기능이 추가되지만 기존 코드와 호환성을 유지할 때 증가하는 버전
수정 버전(Micro Version)	버그 수정이나 보안 패치와 같은 작업 업데이트가 있을 때 증가하는 버전

파이썬 버전이 3.13.3이라고 할 때, 3은 주 버전을 의미하며 파이썬 2와 호환되지 않고, 이어서 13은 부 버전을 의미하며 새로운 기능이 13차례 추가되었으나 같은 주 버전에서는 호환이 가능하다. 마지막으로 3은 수정 버전을 의미하며 3.13 버전의 버그 수정이나 보안 패치가 3차례 적용된 것을 의미한다.

파이썬 프로그램 설치

파이썬 설치 파일 다운로드

파이썬 공식 웹사이트의 "Download" 페이지에서는 접속한 기기에 해당하는 가장 적합한 버전을 자동으로 감지하여 추천한다. "Download Python x.xx.xx" 버튼을 선택하여 다운로드를 수행한다.

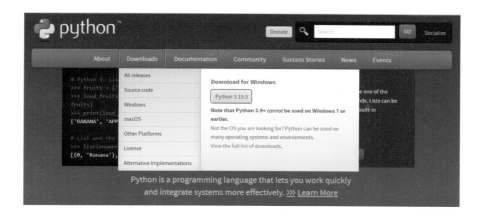

다운받은 파일을 실행하면 파이썬을 설치할 수 있다.

파이썬 설치 파일 실행

[Add python.exe to PATH] 옵션은 파이썬 설치 과정에서 환경 변수(PATH)에 파이썬 실행 파일(python.exe)의 경로를 자동으로 추가하므로 선택해준다.

설치가 완료된 후에 윈도우 버튼을 누르고, "python"을 검색하면 파이썬 관련된 파일들이
보이는데, IDLE(Python x.xx)을 누르거나 또는 Python x.xx을 누르면 된다.

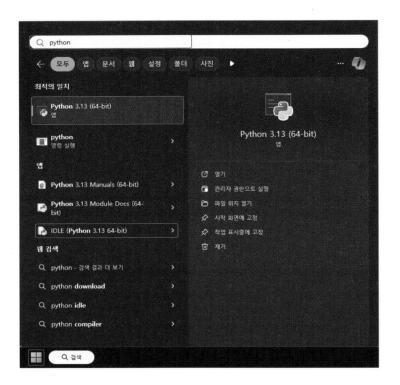

코드 작성

IDLE 실행

"Hello World!"를 출력하는 한 줄짜리 코드를 작성하여 결과를 확인할 수 있다.

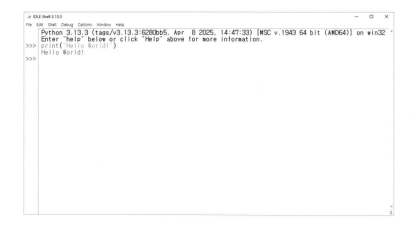

첫 코드

```
print("Hello World!") # ①
```

Hello World!

코드 해설

① 괄호 안의 내용을 출력하는 print 함수를 사용하여 Hello World!를 출력한다.

Python 실행

```
Python 3.13.3 (tags/v3.13.3:6280bb5, Apr  8 2025, 14:47:33) [MSC v.1943 64 bit (AMD64)] on win32
Type "help", "copyright", "credits" or "license" for more information.
>>> print("Hello World!")
Hello World!
>>>
```

종료하기 위해서는 'exit()' 함수를 작성하거나 Ctrl + D 단축키를 사용한다.

0.2 파이썬 주요 특징

#파이썬특징 #가독성높은언어 #다양한라이브러리 #플랫폼독립성 #쉬운학습

▶ 영상 보러가기

가독성이 높은 언어

파이썬은 그 간결하고 직관적인 문법 덕분에 다른 언어에 비해 매우 높은 가독성을 자랑한다. 예를 들어, 중괄호 대신 들여쓰기를 통해 코드 블록을 구분함으로써 코드가 깔끔하고 읽기 쉬운 구조를 갖추게 된다. 파이썬의 문법적 특징은 자연어와 비슷한 형태로 설계되어, 초보자도 코드의 의미를 쉽게 파악할 수 있다.

다양한 라이브러리 지원

파이썬은 여러 가지 '라이브러리'를 제공하는데, 이 라이브러리는 미리 작성된 코드 모음이다. 복잡한 기능을 직접 코딩하지 않아도, 필요한 라이브러리를 불러오기만 하면 원하는 기능을 쉽게 구현할 수 있다.

데이터 분석, 웹 개발, 인공지능, 머신러닝, 과학 계산 등 여러 분야에서 사용할 수 있는 강력한 라이브러리들이 풍부하게 준비되어 있어, 필요한 기능을 쉽게 구현할 수 있다.

광범위한 응용 분야

파이썬은 웹 개발, 데이터 과학, 인공지능, 자동화, 스크립트 작성 등 다양한 분야에서 널리 사용된다. 파이썬을 통해 간단한 스크립트에서부터 복잡한 애플리케이션까지 구현할 수 있으며, 다양한 산업에서 그 적용 범위가 확장되고 있다.

플랫폼 독립성

파이썬은 플랫폼 독립적인 언어로, 운영체제에 상관없이 동일한 코드를 실행할 수 있는 장점을 가지고 있다. 파이썬 인터프리터가 설치된 환경에서는 Windows, macOS, Linux 등 다양한 운영체제에서 동일한 코드가 동작할 수 있다. 이러한 특성 덕분에 개발자는 특정 운영체제에 구애받지 않고 개발을 진행할 수 있다. 또한, 파이썬의 크로스 플랫폼 지원 덕분에 개발한 프로그램을 다양한 환경에서 손쉽게 테스트하고 배포할 수 있다. 이는 특히 서버 측에서 파이썬을 사용할 때나, 여러 플랫폼을 대상으로 애플리케이션을 개발해야 하는 상황에서 매우 유리하다.

강력한 커뮤니티와 생태계

파이썬은 매우 활발한 오픈소스 커뮤니티를 기반으로 성장해왔기 때문에 커뮤니티는 초보자부터 고급 개발자에 이르기까지 다양한 수준의 사용자들을 지원하며, 수많은 온라인 포럼과 자원들이 이를 뒷받침하고 있다.

파이썬의 오픈소스 라이브러리 생태계는 개발 속도를 크게 향상시켜 주며, 프로젝트에 필요한 다양한 도구와 패키지를 쉽게 찾고 적용할 수 있다. 강력한 커뮤니티는 파이썬이 꾸준히 성장하고 발전할 수 있는 중요한 이유 중 하나이다.

1장

기본 개념

꼬물이는 파이썬을 공부하며 테트리스 게임을 잠깐 즐기고 있었습니다. 게임을 하다 보니, 블록이 방향키 입력에 따라 움직이고 쌓이는 것을 보며 흥미로워했죠. 이 경험을 통해 꼬물이는 모든 프로그램이 입력을 받고 그에 따라 출력을 생성한다는 기본적인 개념을 깨닫게 되었습니다. 마치 테트리스 게임이 키 입력을 받아 블록을 움직이는 것처럼, 모든 프로그램은 어떤 입력이 주어지면 그에 따라 동작을 수행하고 결과를 출력하는 방식으로 동작합니다. 이제 파이썬에서 이러한 입력과 출력을 어떻게 다루는지 알아보겠습니다.

무엇을 배워볼까요?

학습목표 1: 주석을 사용하여 코드에 설명을 추가하고, print() 함수로 원하는 내용을 화면에 출력해본다.

학습목표 2: input() 함수를 사용하여 사용자로부터 데이터를 입력받고, 입력받은 데이터를 활용해본다.

학습목표 3: 프로그램이 입력을 받아 그에 따라 출력을 생성한다는 기본적인 개념을 이해하고 경험해본다.

1.1 주석

▶ 영상 보러가기

주석 개념

주석은 코드에 대한 설명이나 메모를 작성하는 방법이다.

주석은 프로그램의 가독성을 높이고 협업 시 이해를 돕기 위해 작성하는 설명문이다.

└ 주석을 사용하는 것은 협업을 위한 좋은 습관입니다.

주석 문법

기호로 시작하며, 그 줄의 나머지 부분이 모두 주석 처리된다.

```
# 주석
```

</> 코드 살펴보기   소스코드 T01_01.py

주석을 사용하는 코드

```
# 아무것도 출력되지 않습니다.
```

코드 해설

뒤에 적힌 '아무것도 출력되지 않습니다.'는 프로그램의 동작에 아무런 영향을 끼치지 않습니다.

> **Tip** 다른 사람이 이해하기 쉽게 하거나, 자신이 작성한 코드라도 시간이 지나면 잊어버리기 때문에 주석으로 기록해 두면 좋습니다.

1.2 출력 함수

▶ 영상 보러가기

print 함수 기본

파이썬에서 화면에 출력할 때는 print 함수를 사용한다.

```
print(value)
```

print 함수 안에 출력할 숫자를 작성하면 해당 숫자가, 출력할 문자열을 작성하면 해당 문자열이 화면에 출력된다. 이때 문자열은 작은따옴표 또는 큰따옴표로 감싸서 표현해야 한다.

</> 코드 살펴보기 　　　　　　　　　　　　　　　　　　　소스코드 **T01_02.py**

print 함수를 이용해 숫자와 문자열을 출력

```
print(3.14) # ①
print("Hello") # ②
```

</> 실행결과　　　　　　　　　　　　　　 X
3.14
Hello

코드 해설

① print 함수 안에 3.14라는 실수가 있으므로 3.14를 출력합니다.

② "Hello"라는 문자열이 있으므로 Hello를 출력합니다.

> **Tip** 　"Hello"에서 바깥의 따옴표는 문자열을 구분하기 위한 표시한 것이므로 실제 출력은 되지 않습니다.

값을 2개 이상 출력

파이썬에서 숫자형과 문자열 데이터를 두 개 이상 출력할 때는 콤마(,)를 사용하면 자동으로 띄어쓰기가 적용되어 출력된다.

```
print(value, value, …)
```

코드 해설

① print 함수 안에 'Hello'라는 문자열과 2.7이라는 실수가 있으므로 Hello 2.7을 출력합니다.

② print 함수 안에 'Hello'와 'Python'이라는 문자열이 있으므로 Hello Python을 출력합니다.

줄바꿈 출력 여부

print 함수는 기본적으로 print 함수가 종료되면 줄바꿈을 한다.

줄바꿈을 하지 않으려면 print 함수에서 end 옵션을 사용하여 설정할 수 있다.

end 옵션의 기본값은 end="\n"이므로 end 옵션을 적용하지 않으면 print 함수가 실행될 때마다 줄이 바뀐다. 줄바꿈을 제거하고 싶을 때는 end=""와 같이 빈 문자열을 지정한다.

코드 해설

① 세미콜론(;)을 사용해 한 줄에 여러 print() 문을 작성하여, "Hello"와 "Python"을 각각 출력합니다. 첫 번째 print ("Hello")는 "Hello"를 출력한 후 자동으로 줄바꿈하므로, 두 번째 print("Python")는 "Python"을 새로운 줄에 출력합니다.

② 매개변수를 사용해 줄바꿈을 없애고, "Hello"와 "Python"을 같은 줄에 출력합니다.

> **Tip** print 명령문을 하나씩 처리할 경우 줄바꿈 여부가 눈에 띄지 않는데, 나중에 배울 반복문, 함수 등을 다루게 되면 end=""
> 여부에 따라 줄바꿈 여부를 쉽게 파악할 수 있습니다.

1.3 변수

▶ 영상 보러가기

변수 개념

변수는 데이터를 저장하기 위한 공간이다. 변수를 사용하면 값을 저장하고 필요할 때 해당 값을 참조할 수 있다.

변수 선언 및 값 할당

단일 변수의 생성

변수를 사용하기 위해서는 변수의 이름을 지어야 한다.

Tip 변수 이름을 지을 때 영문 대소문자, 숫자, 밑줄을 조합해서 만듭니다. 다만, 변수 이름의 첫 글자는 숫자로 지어서는 안 됩니다.

변수를 사용하기 위해서는 먼저 변수를 선언하고, 변수에 값을 저장한다.

```
변수 = 값
```

Tip 프로그램에서 '='은 '='의 오른쪽의 값을 '='의 왼쪽에 있는 변수에 저장한다는 의미입니다. 예를 들어서 x=1이면 1이라는 값을 x라는 변수에 저장한다는 뜻입니다.

</> 코드 살펴보기

소스코드 **T01_05.py**

1개의 변수 생성

```
x = 5 # ①
y = 3 # ②
print(x, y) # ③
```
└─ print(5, 3)과 같은 코드입니다.

💬 실행결과	X
5 3	

코드 해설

① x 변수에 숫자 5를 저장합니다.
② y 변수에 숫자 3을 저장합니다.
③ x와 y 값인 5와 3을 출력합니다.

여러 변수의 생성

변수를 ,(콤마)로 구분하고 여러 변수에 한 번에 할당될 값을 지정해줄 수 있다.

변수이름1, 변수이름2, 변수이름3, … = 값1, 값2, 값3, …

소스코드 T01_06.py

</> 코드 살펴보기

여러 변수를 생성

```
x, y = 5, 3 # ①
print(x, y) # ②
```

실행결과   X

5 3

코드 해설

① x 변수에 숫자 5를, y 변수에 숫자 3을 저장합니다.
② x와 y 값인 5와 3을 출력합니다.

변수의 값 교체

기존에 사용하던 변수에 새로운 값을 저장한다.

기존변수 = 값

1개 변수의 값 교체

```
x = 5 # ①
print(x) # ②
x = 3 # ③
print(x) # ④
```

실행결과

```
5
3
```

코드 해설

① x 변수에 숫자 5를 저장합니다.
② x 변수의 값인 5를 print 함수로 출력합니다.
③ y 변수에 숫자 3을 저장합니다.
④ y 변수의 값인 3을 print 함수로 출력합니다.

여러 변수의 값 교체

콤마(,)를 이용하면 기존에 사용하던 여러 변수에 새로운 값을 저장할 수 있다.

```
기존변수1, 기존변수2, 기존변수3, … = 값1, 값2, 값3, …
```

여러 변수의 값을 교체

```
x, y = 5, 3 # ①
print(x, y) # ②
x, y = 2, 1 # ③
print(x, y) # ④
```

실행결과

```
5 3
2 1
```

코드 해설

① x, y 변수에 각각 숫자 5와 3을 저장합니다.
② x와 y 변수의 값인 5와 3을 print 함수로 출력합니다.
③ x, y 변수에 각각 숫자 2와 1을 저장합니다.
④ x와 y 변수의 값인 2와 1을 print 함수로 출력합니다.

여러 변수의 값 교환

생성된 변수의 값을 바꿀 수도 있다.

다음과 같은 형식으로 코드를 작성하면 변수에 할당된 값을 바꿀 수 있다.

```
변수1, 변수2 = 변수2, 변수1
```

</> 코드 살펴보기

소스코드 T01_09.py

변수의 값을 바꿔서 출력

```
x, y = 5, 3 # ①
print(x, y) # ②
x, y = y, x # ③
print(x, y) # ④     x, y = 3, 5와 같은 코드입니다.
```

실행결과   X

5 3

3 5

코드 해설

① x, y 변수에 각각 숫자 5와 3을 저장합니다.

② x와 y 변수의 값인 5와 3을 print 함수로 출력합니다.

③ x, y 변수의 값을 y, x 변수의 값으로 바꾸게 되면 x, y에는 3과 5가 저장됩니다.

④ x와 y 변수의 값인 3과 5를 print 함수로 출력합니다.

1.4 입력 함수

▶ 영상 보러가기

input 함수 기본

input 함수는 사용자로부터 문자열 형태의 데이터를 입력받아 반환하는 함수이다.

```
input(prompt)
```

prompt는 사용자에게 입력을 요청할 때 표시할 메시지를 문자열로 지정한다. 지정하지 않으면 아무 메시지 없이 단순히 사용자 입력을 기다린다.

</> 코드 살펴보기

소스코드 T01_10.py

input 함수(1)

```
x = input() # ①
print(x) # ②
y = input("입력해주세요: ") # ③
print(y) # ④
```

코드를 실행했을 때 input() 함수를 사용하면 사용자로부터 텍스트를 입력받을 때까지 대기합니다.

실행결과	X
20	
20	
입력해주세요: 20	
20	

코드 해설

① 사용자 입력을 받아 변수 x에 저장합니다. input() 함수는 사용자로부터 문자열 형태의 입력을 받아들입니다. 사용자가 20이라고 입력하면 x에는 "20"이라는 문자열이 저장됩니다.

② x 변수에 저장된 값을 출력합니다.

③ 사용자 입력을 받아 변수 y에 저장하는 코드입니다. input() 함수는 사용자에게 메시지를 출력하여 입력을 요청할 수 있으며, 여기서는 "입력해주세요: "라는 메시지를 출력합니다. 사용자가 값을 입력하고 엔터를 누르면 그 값이 y에 문자열 형태로 저장됩니다.

④ 변수 y에 저장된 값을 출력합니다. input()으로 입력받은 값이 그대로 화면에 출력됩니다.

정수형 입력

int 함수는 문자열을 정수로 변환하는 함수로, input 함수와 같이 사용하면 입력받은 문자열을 정수로 변환할 수 있다.

```
int(input(prompt))
```

prompt는 사용자에게 입력을 요청할 때 표시할 메시지를 문자열로 지정한다. 지정하지 않으면 아무 메시지 없이 단순히 사용자 입력을 기다린다.

〈/〉 코드 살펴보기

소스코드 T01_11.py

input 함수(2)

코드 해설

① 사용자로부터 정수형 입력을 받아 변수 x에 저장합니다. 메시지를 출력하며, 입력을 기다립니다. 사용자가 값을 입력하고 엔터를 누르면 그 입력값이 문자열 형태로 반환됩니다. int( ) 함수는 이 문자열을 정수로 변환하여 x에 저장합니다. 사용자가 20을 입력하면 x에는 정수 20이 저장됩니다.

② 변수 x에 저장된 값을 출력합니다.

01 Hello World를 출력하는 코드를 작성해보자.

```
실행결과                                                                          X
Hello World
```

02 사용자로부터 문자열 입력받는 코드를 작성해보자.

[입력]

```
Hello
```

```
실행결과                                                                          X
'Hello'
```

03 숫자 10과 20을 변수 x와 y에 저장하고, 두 변수의 값을 서로 교환한 후에 출력하는
코드를 작성해보자.

```
실행결과                                                                          X
x: 20
y: 10
```

04 print, input 함수를 둘 다 사용하여 사용자로부터 문자열을 입력받는 코드를 작성해보자.

[입력]

```
Hello
```

<> 실행결과	X
입력:	
'Hello'	

05 두 개의 숫자를 입력받아 두 숫자를 출력하는 코드를 작성해보자.

[입력]

```
입력1: 8
입력2: 5
```

<> 실행결과	X
8	
5	

01 소스코드 Q01_01.py

```
print('Hello World')
또는
print('Hello', 'World')
또는
print('Hello', end='')
print('World')
```

02 소스코드 Q01_02.py

```
input("입력: ")
```

03 소스코드 Q01_03.py

```
x, y = 10, 20
x, y = y, x
print("x:", x)
print("y:", y)
```

04 소스코드 Q01_04.py

```
print("입력: ")
input()
```

05 소스코드 Q01_05.py

```
x = int(input("입력1: "))
y = int(input("입력2: "))
print(x)
print(y)
```

2장

기본 자료형

꼬물이는 파이썬을 공부하면서 데이터 처리의 기초를 배우기 시작했습니다. 다양한 데이터를 다루기 위해 파이썬에서 숫자, 문자, 논리값 등의 자료형을 어떻게 표현하고 사용하는지를 탐구하기로 결심했습니다. 이 과정에서 꼬물이는 파이썬의 기본 자료형이 프로그램의 뼈대가 된다는 것을 깨달았습니다. 이 장에서는 꼬물이와 함께 숫자형, 문자열, 논리형 등 파이썬의 기본 자료형을 다루며, 각 자료형의 특성과 사용법을 이해해보도록 하겠습니다.

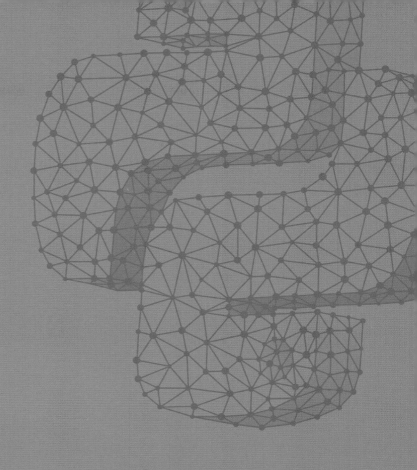

무엇을 배워볼까요?

학습목표 1: 논리형, 숫자형(정수, 실수), 문자열 등 파이썬의 기본 자료형의 특징을 이해하고 사용해본다.

학습목표 2: 각 자료형에 맞는 연산자를 사용하여 데이터를 처리하고, 그 결과를 확인해본다.

학습목표 3: 필요에 따라 데이터의 자료형을 변환하는 방법을 익히고, 실제 코드에 적용해본다.

2.1 논리형

▶ 영상 보러가기

논리형 개념

논리형(Boolean Type)은 참(True)과 거짓(False) 두 가지 값만을 가지는 자료형이며, 조건을 평가하거나 결정을 내릴 때 매우 유용하다.

> 프로그램의 흐름을 결정하는 기본적인 판단 단위입니다.

프로그래밍에서는 논리형을 사용하여 조건문을 만들고, 특정 조건이 참일 때만 코드를 실행하는 등의 역할을 한다.

논리형 종류

논리형에는 True(참), False(거짓)가 있다.

논리형과 함께 사용하는 연산자

비교 연산자

비교 연산자는 값이 같은지 다른지를 비교하는 연산자이다.

파이썬에서 True는 1로, False는 0으로 처리한다.

> 컴퓨터 내부에서는 참과 거짓이라는 추상적인 개념을 전기적 신호의 On/Off와 같은 물리적인 상태로 표현합니다.

연산자	설명
==	두 값이 같은지 비교하는 연산자
!=	두 값이 다른지 비교하는 연산자
〈	왼쪽 값이 오른쪽 값보다 작은지 비교하는 연산자
〉	왼쪽 값이 오른쪽 값보다 큰지 비교하는 연산자
〈=	왼쪽 값이 오른쪽 값보다 작거나 같은지 비교하는 연산자
〉=	왼쪽 값이 오른쪽 값보다 크거나 같은지 비교하는 연산자

숫자형과 비교 연산자

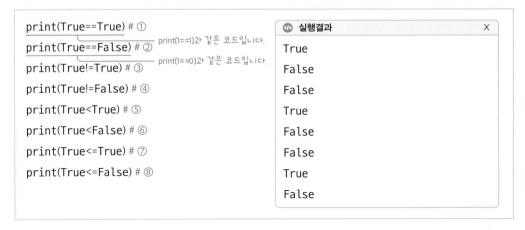

```
print(True==True) # ①        print(1==1)과 같은 코드입니다.
print(True==False) # ②
print(True!=True) # ③        print(1==0)과 같은 코드입니다.
print(True!=False) # ④
print(True<True) # ⑤
print(True<False) # ⑥
print(True<=True) # ⑦
print(True<=False) # ⑧
```

실행결과   ✕
```
True
False
False
True
False
False
True
False
```

코드 해설

① True와 True가 같으므로 True를 출력합니다.

② True와 False가 다르므로 False를 출력합니다.

③ True와 True가 다르지 않기 때문에 False를 출력합니다.

④ True와 False는 다르므로 True를 출력합니다.

⑤ True가 True보다 작지 않기 때문에 False를 출력합니다.

⑥ True가 False보다 크므로 False를 출력합니다.

⑦ True가 True보다 작거나 같으므로 True를 출력합니다.

⑧ True가 False보다 크므로 False를 출력합니다.

논리 연산자

논리 연산자는 두 피연산자 사이의 논리적인 관계를 정의하는 연산자이다.

논리 연산자에는 and(논리곱), or(논리합), not(논리부정)이 있다.

연산자	설명
and	논리곱으로, 양쪽 모두 참(True)일 때 참(True)을 출력하는 연산자
or	논리합으로, 양쪽 중 한쪽만 참(True)이라도 참(True)을 출력하는 연산자
not	논리부정으로, 참(True)과 거짓(False)을 뒤집어서 출력하는 연산자

and 연산자는 두 개의 값이 전부 True일 때 True 값을 출력하고, 나머지 경우는 False를 출력하는 연산자이다.

식	결과
True and True	True
True and False	False
False and True	False
False and False	False

코드 살펴보기   소스코드 T02_02.py

숫자형과 and 연산자

```
print(True and True) # ①
print(True and False) # ②
print(False and False) # ③
```

실행결과   X
```
True
False
False
```

코드 해설

① True and True는 참이므로 True가 출력됩니다.
② True and False는 거짓이므로 False가 출력됩니다.
③ False and False는 거짓이므로 False가 출력됩니다.

or 연산자는 두 개의 값 중 하나라도 True이면 True를 출력하고, 두 값이 전부 False인 경우에만 False를 출력하는 연산자이다.

식	결과
True or True	True
True or False	True
False or True	True
False or False	False

숫자형과 or 연산자

```
print(True or True) # ①
print(True or False) # ②
print(False or False) # ③
```

실행결과   X
```
True
True
False
```

코드 해설

① True or True는 참이므로 True가 출력됩니다.
② True or False는 참이므로 True가 출력됩니다.
③ False or False는 거짓이므로 False가 출력됩니다.

not 연산자는 조건식의 결과를 바꿔서 출력한다. True이면 False로, False이면 True로 변경하는 연산자이다.

식	결과
not True	False
not False	True

not 연산자

```
print(not True) # ①
print(not False) # ②
```

실행결과   X
```
False
True
```

코드 해설

① not True는 거짓이므로 False가 출력됩니다.
② not False는 참이므로 True가 출력됩니다.

2.2 숫자형

▶ 영상 보러가기

숫자형 개념

숫자형(Number Type)은 수학적 연산이 가능한 데이터를 표현하는 자료형이다.

숫자형에는 정수형(Integer)과 실수형(Floating Point)이 있다.

숫자형 종류

정수형(Integer)

정수형은 소수점이 없는 숫자형이다.

정수형은 <u>양수, 음수 또는 0으로 구성된 수를 나타낸다.</u>
└ 예: 24, -3, 0 등

</> 코드 살펴보기   소스코드 **T02_05.py**

정수형 변수

```
a, b, c = 24, -3, 0 # ①
print(a, b, c) # ②
```

◑ 실행결과	X
24 -3 0	

코드 해설

① a, b, c에 각각 24, -3, 0이 저장됩니다.

② a에는 24, b에는 -3, c에는 0이 있으므로, 24 -3 0이 출력됩니다.

2진수는 숫자 앞에 <u>0b</u>를, 8진수는 숫자 앞에 <u>0o</u>, 16진수는 숫자 앞에 <u>0x</u>를 붙여서 표현한다.
          └ 예: 0b101   └ 예: 0o507   └ 예: 0xA2F

> **Tip** 0b는 '숫자0+알파벳b'이고, 0o는 '숫자0+알파벳o'이고, 0x는 '숫자0+알파벳x'입니다.

코드 살펴보기 소스코드 T02_06.py

변수에 2진수, 8진수, 16진수 값을 저장하고 10진수로 출력

```
a, b, c = 0b101, 0o507, 0xA2F # ①
print(a, b, c) # ②
```

실행결과 ✕

5 327 2607

코드 해설

① a 변수에 2진수 101, b 변수에 8진수 507, c 변수에 16진수 A2F를 저장합니다.

② a, b, c를 출력합니다.

실수형(Floating Point)

실수형은 소수점이 있는 수를 나타내는 자료형이다.

정수.소수
└─ 예: 3.14, −2.5, 1.0, .2, 3. 등

실수형은 정수부와 소수부로 나눠서 나타낼 수 있으며, 정수부 또는 소수부는 생략이 가능하다. 생략된 부분은 0으로 간주한다.

Tip .2는 정수 부분에 0이 생략된 형태로 0.2로 인식하고, 3.은 소수 부분에 0이 생략된 형태로 3.0으로 인식합니다.

코드 살펴보기 소스코드 T02_07.py

실수형 변수

```
a, b, c, d, e = 3.14, -2.5, 1.0, .2, 3. # ①
print(a, b, c, d, e) # ②
```

실행결과 ✕

3.14 -2.5 1.0 0.2 3.0

코드 해설

① a에는 3.14가 저장되고, b에는 −2.5가 저장됩니다. c에는 1.0이 저장되는데, 이는 소수점 이하가 없으므로 1.0으로 그대로 출력됩니다. d는 .2로 소수점 앞부분이 생략되어 있지만, 0.2로 간주합니다. e는 3.으로 정수 3이지만 소수점이 붙어 3.0으로 출력됩니다.

② a, b, c, d, e를 출력합니다.

숫자형 출력

% 형식화를 이용한 숫자형 출력

형식 코드를 이용해 정수형, 실수형을 출력할 수 있고, 10진수뿐만 아니라 8진수, 16진수 형태로도 출력할 수 있다.

```
print("형식코드1, 형식코드2, …"%(인자1, 인자2, …))
```

% 뒤의 인자는 % 앞의 형식 코드에 순서대로 대응되어 출력된다.

형식 코드	설명
%o	Octal(8진수 정수형)
%d	Decimal(10진수 정수형)
%x	• Hexa Decimal(16진수 정수형) • a~f가 소문자 형태로 출력됨
%X	• Hexa Decimal(16진수 정수형) • A~F가 대문자 형태로 출력됨
%f	Floating Point(부동 소수점)

기본적으로 실수형의 경우 소수점 여섯째 자리까지 출력한다.

<//> **코드 살펴보기**　　　　　　　　　　　　　소스코드 T02_08.py

% 형식화를 이용한 숫자형 출력

```
a = 123 # ①
print("%d" % a) # ②
b = 2748 # ③
print("%o %d %x %X" % (b, b, b, b)) # ④
c = 3.14 # ⑤
print("%f %f" % (c, -.2)) # ⑥
```

```
⚙ 실행결과                                      ✕
123
5274 2748 abc ABC
3.140000 -0.200000
```

코드 해설

① a 변수에 123을 저장합니다.

② a 변수를 10진수의 정수 형식으로 출력합니다.

print("%d" % a)

③ b 변수에 2748을 저장합니다.

④ b 변수를 8진수, 10진수, 16진수 소문자, 16진수 대문자로 출력합니다. 5274는 8진수, 2748은 10진수, abc는 16 진수 소문자, ABC는 16진수 대문자로 출력된 결과입니다.

print("%o %d %x %X" % (b, b, b, b))

⑤ c 변수에 3.14를 저장합니다.

⑥ c와 −0.2를 실수 형식으로 출력합니다.

print("%f %f" % (c, −.2))

% 형식화를 이용한 숫자형 상세 출력

정수형 출력 시, %와 d 사이에 숫자를 넣으면 지정한 폭만큼 자리를 확보하며, 0을 붙이면 그 빈 자리는 0으로 채워진다.

%d 안에 −를 붙이면 왼쪽 정렬이 되고, −를 붙이지 않으면 오른쪽 정렬이 된다.

정렬 빈 공간 처리	왼쪽 정렬	오른쪽 정렬
빈 공간 안 채우기	%−너비d	%너비d
빈 공간 0으로 채우기	×	%0너비d

Tip % 형식화를 이용할 때 가운데 정렬은 지원하지 않습니다.

</> 코드 살펴보기

% 형식화를 이용한 숫자형 출력

```
a=123 # ①
print("%-12d %12d" % (a, a)) # ②
print("%-012d %012d" % (a, a)) # ③
print("%2d" % a) # ④
```

</> 실행결과	X
123	123
123	000000000123
123	

코드 해설

① 변수 a에 123을 저장합니다.
② 최소 12자리의 폭을 확보하고, 왼쪽 정렬, 오른쪽 정렬을 적용하여 출력합니다.
③ 최소 12자리의 폭을 확보하고, 왼쪽 정렬, 오른쪽 정렬을 적용하는데, 앞에 빈 공간이 있을 경우 0으로 채워서 출력합니다.
④ 최소 2자리 폭으로 정수 a를 출력하는데, 숫자의 자릿수가 2보다 크기 때문에 123이 출력됩니다.

실수형의 경우 %와 f 사이에 숫자를 넣으면 해당 숫자만큼의 공간이 확보된다.

실수형의 경우 %와 f 사이에 .소수점자리를 넣으면, 해당 자릿수만큼만 소수점이 출력된다.

출력할 소수점 자릿수가 실제 값보다 적을 경우, 지정된 자릿수까지 반올림하여 출력된다.

%f 안에 −를 붙이면 왼쪽 정렬이 된다.

```
%-너비.소수점자리f
```

</> 코드 살펴보기

% 형식화를 이용해 실수형을 출력

전체 길이가 12칸에 123.456000은 10칸이고, 오른쪽 정렬을 했기 때문에 왼쪽에 2칸의 공백이 추가된 형태로 출력됩니다.

```
a=123.456 # ①
print("%-12f %12f" % (a, a)) # ②
print("%.4f" % a) # ③
print("%-12.1f %12.4f" % (a, a)) # ④
print("%-012.1f %012.4f" % (a, a)) # ⑤
print("%3.2f" % a) # ⑥
```

</> 실행결과	X
123.456000	123.456000
123.4560	
123.5	123.4560
123.5	0000123.4560
123.46	

전체 길이가 12칸에 123.456000은 10칸이고, 왼쪽 정렬을 했기 때문에 오른쪽에 2칸의 공백이 추가된 형태로 출력됩니다.

코드 해설

① a 변수에 123.456을 저장합니다.

② 첫 번째 %-12는 a 변수를 소수점 이하 6자리까지 출력하며, 최소 12자리의 폭을 확보하고 왼쪽 정렬합니다. 두 번째 %12는 a 변수를 최소 12자리 폭으로 확보하여 소수점 이하 6자리까지 출력하고 오른쪽 정렬합니다.

③ a 변수를 소수점 이하 4자리까지 출력할 때, a의 소수점 3자리는 그대로 유지되고, 나머지 한 자리는 0으로 채워집니다.

④ 첫 번째 %-12.1f는 a 변수를 소수점 이하 1자리까지만 출력하며, 최소 12자리 폭을 확보하고 왼쪽 정렬합니다. 두 번째 %12.4f는 a 변수를 소수점 이하 4자리까지 출력하며, 최소 12자리 폭을 확보하고 오른쪽 정렬합니다.

⑤ 첫 번째 %-012.1f는 a 변수를 소수점 이하 1자리까지만 출력하고, 최소 12자리 폭을 확보하여 왼쪽 정렬합니다. 여기서 숫자 앞의 0은 적용되지 않으며, 왼쪽 정렬이 우선합니다. 두 번째 %012.4f는 소수점 이하 4자리까지 출력하며, 최소 12자리 폭을 확보하고 빈 공간은 0으로 채웁니다.

⑥ a 변수를 소수점 이하 2자리까지 출력하며, 최소 3자리 폭을 확보합니다. a 변수가 표시해야 할 공간이 3보다 크므로 정수 부분은 그대로 출력됩니다.

> **Tip**
>
> 파이썬에서 %를 사용한 출력 방식은 과거에 널리 사용되었습니다. 이 방식은 여전히 작동하지만, 새로운 코드에서는 더 이상 권장되지 않습니다. 현재는 f 문자열과 str.format() 방식이 더 많이 사용되고 있습니다.
>
> str.format()은 파이썬 2.6부터 도입되어 유연하고 강력한 문자열 포매팅을 제공합니다. 반면, f 문자열은 파이썬 3.6부터 도입된 가장 최신의 포매팅 방식으로, 코드가 매우 간결하고 읽기 쉽습니다. 이러한 최신 방식들은 코드의 가독성과 유지 보수를 향상시키는 데 유용합니다.
>
> 이러한 이유로, 여러분은 % 방식보다는 앞으로 배우게 될 f str.format() 방식을 사용하는 것이 좋습니다.

f 문자열을 이용한 숫자형 출력

문자열 앞에 f를 붙이면, 중괄호와 변수 이름만으로 문자열에 원하는 변수를 삽입할 수 있다.

```
f"{인자1} {인자2}"
```

</> 코드 살펴보기   소스코드 T02_11.py

f 문자열을 이용한 변수를 출력

```
a, b = 123, 3.14 # ①
print(f"{a}") # ②
print(f"{a} {b}") # ③
```

```
실행결과                          ×
123
123 3.14
```

코드 해설

① a 변수에 123을, b 변수에 3.14를 저장합니다.

② a 변수의 값인 123을 출력합니다.

③ a 변수의 값인 123, b 변수의 값인 3.14를 동시에 출력합니다.

f 문자열을 이용한 숫자형 상세 출력

정수형의 경우 콜론(:) 뒤에 숫자를 넣으면 해당 숫자만큼의 공간이 확보된다.

{인자:너비}

왼쪽 정렬은 〈, 가운데 정렬은 ^, 오른쪽 정렬은 〉로 표현하며, 콜론(:)과 〈, ^, 〉 사이에 문자를 넣으면 빈 공간이 해당 문자로 채워진다.

빈 공간 처리 \ 정렬	왼쪽 정렬	가운데 정렬	오른쪽 정렬
빈 공간 안 채우기	{인자:〈너비}	{인자:^너비}	{인자:너비} {인자:〉너비}
빈 공간 글자로 채우기	{인자:글자〈공간}	{인자:글자^공간}	{인자:글자〉공간}

└─ 빈 공간을 모두 0으로 채우면 123이라고 했을 때 123000처럼 다른 숫자처럼 보일 수 있습니다.

> **Tip** 키보드에서 Shift + 6 을 누르면 ^(Hat) 기호가 타이핑됩니다.

〈/〉 코드 살펴보기

소스코드 **T02_12.py**

f 문자열을 이용해 정수형을 출력

```
a=123 # ①         f"{a:12}"는 "        123"과 같습니다.
print(f"{a:<12} {a:^12} {a:>12}") # ②
print(f"{a:x<12} {a:x^12} {a:x>12}") # ③
print(f"{a:2}") # ④
```

전체 길이가 12칸이고, 123은 3칸이므로 9칸이 공백이기 때문에 9칸을 앞뒤로 적절하게 분배하여 출력됩니다.

실행결과

```
123               123                        123
123xxxxxxxxx xxxx123xxxxx xxxxxxxxx123
123
```

전체 길이가 12칸이고, 123은 3칸이므로 정수 123 뒤에 9칸의 공백이 추가된 형태로 출력됩니다.

전체 길이가 12칸이고, 123은 3칸이므로 정수 123 앞에 9칸의 공백이 추가된 형태로 출력됩니다.

코드 해설

① a에 123을 저장합니다.

② 최소 12자리의 폭을 확보하고, 왼쪽 정렬, 가운데 정렬, 오른쪽 정렬을 적용하여 출력합니다.

③ 최소 12자리의 폭을 확보하고, 왼쪽 정렬, 가운데 정렬, 오른쪽 정렬을 적용하는데, 빈 공간이 있을 경우 x로 채워서 출력합니다.

④ 최소 2자리 폭으로 정수 a를 출력하는데, 숫자의 자릿수가 2보다 크기 때문에, 123이 출력됩니다.

실수형의 경우 콜론(:) 뒤에 숫자를 넣으면 해당 숫자만큼의 공간이 확보된다.

실수형의 경우 콜론(:) 뒤에 .소수점자리f를 넣으면, 해당 자릿수만큼만 소수점이 출력된다.

출력할 소수점 자릿수가 실제 값보다 적을 경우, 지정된 자릿수까지 반올림하여 출력된다.

{인자:너비.소수f}

</> 코드 살펴보기   소스코드 T02_13.py

f 문자열을 이용해 실수형을 출력

```
a=123.456 # ①
print(f"{a:<12} {a:^12} {a:>12}") # ②
print(f"{a:.4f}") # ③
print(f"{a:<12.1f} {a:^12.1f} {a:>12.1f}") # ④
print(f"{a:x<12.1f} {a:x^12.1f} {a:x>12.1f}") # ⑤
print(f"{a:3.2f}") # ⑥
```

```
실행결과                                    X
123.456        123.456             123.456
123.4560
123.5          123.5                 123.5
123.5xxxxxxx xxx123.5xxxx xxxxxxx123.5
123.46
```

코드 해설

① a 변수에 123.456을 저장합니다.

② 첫 번째 :<12는 a 변수를 최소 12자리의 폭을 확보하고 왼쪽 정렬합니다. 두 번째 :^12는 a 변수를 최소 12자리의 폭을 확보하고 가운데 정렬합니다. 세 번째 :>12는 a 변수를 최소 12자리 폭으로 확보하고 오른쪽 정렬합니다.

③ a 변수를 소수점 이하 4자리까지 출력해야 하는데, a는 소수점 3자리밖에 없으므로 나머지 소수점은 0으로 표현합니다.

④ 첫 번째 <12.1f는 a 변수를 소수점 이하 1자리까지만 출력하며, 최소 12자리 폭을 확보하고 왼쪽 정렬합니다. 두 번째 ^12.1f는 a 변수를 소수점 이하 1자리까지만 출력하며, 최소 12자리 폭을 확보하고 가운데 정렬합니다. 세 번째 >12.1f는 a 변수를 소수점 이하 4자리까지 출력하며, 최소 12자리 폭을 확보하고 오른쪽 정렬합니다.

⑤ 첫 번째 :x<12.1f는 a 변수를 소수점 이하 1자리까지만 출력하고, 최소 12자리 폭을 확보하여 왼쪽 정렬하고 빈 공간은 x로 채웁니다. 두 번째 :x^12.1f는 a 변수를 소수점 이하 1자리까지만 출력하고, 최소 12자리 폭을 확보하여 가운데 정렬하고 빈 공간은 x로 채웁니다. 세 번째 :x>12.1f는 a 변수를 소수점 이하 1자리까지만 출력하고, 최소 12자리 폭을 확보하여 오른쪽 정렬하고 빈 공간은 x로 채웁니다.

⑥ a 변수를 소수점 이하 2자리까지 출력하며, 최소 3자리 폭을 확보합니다. a 변수가 표시해야 할 공간이 3보다 크므로 값은 그대로 출력됩니다.

format 함수를 이용한 변수 출력

내장 함수인 format 함수를 사용하여 변수의 값을 출력한다.

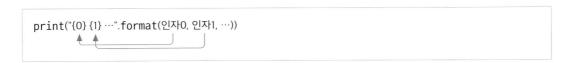

```
print("{0} {1} …".format(인자0, 인자1, …))
```

</> 코드 살펴보기   소스코드 T02_14.py

format 함수를 이용한 변수 출력

```
a, b = 123, 3.14 # ①
print("{0}".format(a)) # ②
print("{0} {1}".format(a, b)) # ③
```

실행결과   ✕

```
123
123 3.14
```

코드 해설

① a 변수에 123을, b 변수에 3.14를 저장합니다.
② a 변수의 값인 123을 출력합니다.
③ a 변수의 값인 123, b 변수의 값인 3.14를 동시에 출력합니다.

format 함수를 이용한 변수 상세 출력

정수형의 경우 콜론(:) 뒤에 숫자를 넣으면 해당 숫자만큼의 공간이 확보된다.

왼쪽 정렬은 〈, 가운데 정렬은 ^, 오른쪽 정렬은 〉로 표현하며, 콜론(:)과 〈, ^, 〉 사이에 문자를 넣으면 빈 공간이 해당 문자로 채워진다.

> 키보드에서 Shift + 6 을
> 누르면 ^(Hat) 기호가 타이핑됩니다.

정렬 빈 공간 처리	왼쪽 정렬	가운데 정렬	오른쪽 정렬
빈 공간 안 채우기	{:〈너비}	{:^너비}	{:너비} {:〉너비}
빈 공간 글자로 채우기	{:글자〈공간}	{:글자^공간}	{:글자〉공간}

> 빈 공간을 모두 0으로 채우면 123이라고 했을 때
> 123000처럼 다른 숫자처럼 보일 수 있습니다.

</> 코드 살펴보기

format 함수를 이용한 정수형 출력

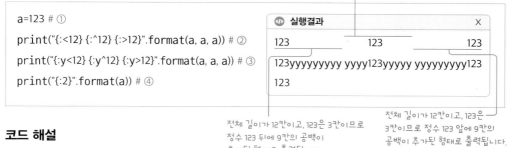

```
a=123 # ①
print("{:<12} {:^12} {:>12}".format(a, a, a)) # ②
print("{:y<12} {:y^12} {:y>12}".format(a, a, a)) # ③
print("{:2}".format(a)) # ④
```

전체 길이가 12칸이고, 123은 3칸이므로 9칸이 공백이기 때문에 9칸을 앞뒤로 적절하게 분배하여 출력됩니다.

실행결과 X

```
123              123               123
123yyyyyyyyy yyyy123yyyyy yyyyyyyyy123
123
```

전체 길이가 12칸이고, 123은 3칸이므로 정수 123 뒤에 9칸의 공백이 추가된 형태로 출력됩니다.

전체 길이가 12칸이고, 123은 3칸이므로 정수 123 앞에 9칸의 공백이 추가된 형태로 출력됩니다.

코드 해설

① a에 123을 저장합니다.

② 최소 12자리의 폭을 확보하고, 왼쪽 정렬, 가운데 정렬, 오른쪽 정렬을 적용하여 출력합니다.

③ 최소 12자리의 폭을 확보하고, 왼쪽 정렬, 가운데 정렬, 오른쪽 정렬을 적용하는데, 빈 공간이 있을 경우 y로 채워서 출력합니다.

④ 최소 2자리 폭으로 정수 a를 출력하는데, 숫자의 자릿수가 2보다 크기 때문에, 123이 출력됩니다.

실수형의 경우 콜론(:) 뒤에 숫자를 넣으면 해당 숫자만큼의 공간이 확보된다.

실수형의 경우 콜론(:) 뒤에 .소수점자리를 넣으면, 해당 자릿수만큼만 소수점이 출력된다.

출력할 소수점 자릿수가 실제 값보다 적을 경우, 지정된 자릿수까지 반올림하여 출력된다.

```
{:너비.소수f}
```

format 함수를 이용한 실수형 출력

```
a=123.456 # ①
print("{:<12} {:^12} {:>12}".format(a, a, a)) # ②
print("{:.4f}".format(a)) # ③
print("{:<12.1f} {:^12.1f} {:>12.1f}".format(a, a, a)) # ④
print("{:_<12.1f} {:_^12.1f} {:_>12.1f}".format(a, a, a)) # ⑤
print("{:3.2f}".format(a)) # ⑥
```

```
⏸ 실행결과                                    ✕
123.456       123.456           123.456
123.4560
123.5         123.5               123.5
123.5_____ ___123.5____ _____123.5
123.46
```

코드 해설

① a 변수에 123.456을 저장합니다.

② 첫 번째 :<12는 a 변수를 최소 12자리의 폭을 확보하고 왼쪽 정렬합니다. 두 번째 :^12는 a 변수를 최소 12자리의 폭을 확보하고 가운데 정렬합니다. 세 번째 :>12는 a 변수를 최소 12자리 폭으로 확보하고 오른쪽 정렬합니다.

③ a 변수를 소수점 이하 4자리까지 출력해야 하는데, a는 소수점 3자리밖에 없으므로 나머지 소수점은 0으로 표현합니다.

④ 첫 번째 <12.1f는 a 변수를 소수점 이하 1자리까지만 출력하며, 최소 12자리 폭을 확보하고 왼쪽 정렬합니다. 두 번째 ^12.1f는 a 변수를 소수점 이하 1자리까지만 출력하며, 최소 12자리 폭을 확보하고 가운데 정렬합니다. 세 번째 >12.1f는 a 변수를 소수점 이하 1자리까지 출력하며, 최소 12자리 폭을 확보하고 오른쪽 정렬합니다.

⑤ 첫 번째 :_<12.1f는 a 변수를 소수점 이하 1자리까지만 출력하고, 최소 12자리 폭을 확보하여 왼쪽 정렬하고 빈 공간은 _로 채웁니다. 두 번째 :_^12는 a 변수를 출력하고, 최소 12자리 폭을 확보하여 가운데 정렬하고 빈 공간은 _로 채웁니다. 세 번째 :_>12는 a 변수를 출력하고, 최소 12자리 폭을 확보하여 오른쪽 정렬하고 빈 공간은 _로 채웁니다.

⑥ a 변수를 소수점 이하 2자리까지 출력하며, 최소 3자리 폭을 확보합니다. a 변수가 표시해야 할 공간이 3보다 크므로 값은 그대로 출력됩니다.

숫자형과 함께 사용하는 연산자

숫자 연산자

숫자 연산자는 숫자를 더하거나 빼거나 곱하거나 나눌 때 사용하는 연산자이다.

숫자를 더할 때는 + 연산자를, 숫자를 뺄 때는 - 연산자를, 숫자를 곱할 때는 ＊ 연산자를, 숫자를 나눌 때는 / 연산자를 사용한다.

정수와 정수를 나눌 때 몫은 // 연산자를, 정수와 정수를 나눌 때 나머지는 % 연산자를 사용한다.

거듭제곱을 계산할 때는 ** 연산자를 사용한다.

Tip 키보드에서 Shift + 8 을 누르면 *(Asterisk; 애스터리스크) 기호가 타이핑됩니다.

연산자	설명
+	덧셈 연산자
−	뺄셈 연산자
*	곱셈 연산자
/	나눗셈 연산자
//	• 몫 연산자 • 나눗셈 후 몫을 구하는 연산자
%	• 나머지 연산자 • 나눗셈 후 나머지를 구하는 연산자
**	거듭제곱 연산자

</> 코드 살펴보기   소스코드 T02_17.py

숫자형과 숫자 연산자

```
a, b = 5, 3 # ①
print(a+b, a-b, a*b, a/b) # ②
print(a//b, a%b, a**b) # ③
```
a = a+b와 같이 = 연산자를 이용해서 값을 저장하지 않으면 a, b 값은 바뀌지 않습니다.

실행결과 ☒
```
8 2 15 1.6666666666666667
1 2 125
```

코드 해설

① 변수 a에는 5를, b에는 3을 저장합니다.

② a+b는 5+3으로 8이 출력되고, a−b는 5−3으로 2가 출력됩니다. a*b는 5*3으로 15가 출력되고, a/b는 5를 3으로 나눈 값인 약 1.67이 출력됩니다.

③ a//b를 하면 5//3이 되기 때문에 5를 3으로 나눴을 때 몫인 1이 출력되고, a%b를 하면 5%3이 되어 5를 3으로 나눴을 때 나머지인 2가 됩니다. a 변수에 5를, b 변수에 3을 저장한 후에, a**b를 하면 5**3이 되기 때문에 5^3이 되어 125가 됩니다.

비교 연산자

비교 연산자는 값이 같은지 다른지를 비교하는 연산자이다.

연산자	설명
==	두 값이 같은지 비교하는 연산자
!=	두 값이 다른지 비교하는 연산자
〈	왼쪽 값이 오른쪽 값보다 작은지 비교하는 연산자
〉	왼쪽 값이 오른쪽 값보다 큰지 비교하는 연산자
〈=	왼쪽 값이 오른쪽 값보다 작거나 같은지 비교하는 연산자
〉=	왼쪽 값이 오른쪽 값보다 크거나 같은지 비교하는 연산자

</> 코드 살펴보기   소스코드 T02_18.py

숫자형과 비교 연산자

```
print(7==7) # ①
print(7==8) # ②
print(7!=7) # ③
print(7!=8) # ④
print(7<7) # ⑤
print(7<8) # ⑥
print(7<=7) # ⑦
print(7<=8) # ⑧
```

실행결과
```
True
False
False
True
False
True
True
True
```

코드 해설

① 7==7은 7과 7이 같으므로 True를 출력합니다.
② 7==8은 7과 8이 다르므로 False를 출력합니다.
③ 7!=7은 7과 7이 다르지 않기 때문에 False를 출력합니다.
④ 7!=8은 다르므로 True를 출력합니다.
⑤ 7〈7은 7이 7보다 작지 않기 때문에 False를 출력합니다.
⑥ 7〈8은 7이 8보다 작기 때문에 True를 출력합니다.
⑦ 7〈=7은 7이 7보다 작거나 같기 때문에 True를 출력합니다.
⑧ 7〈=8은 7이 8보다 작거나 같기 때문에 True를 출력합니다.

58

논리 연산자

논리 연산자는 두 피연산자 사이의 논리적인 관계를 정의하는 연산자이다.

논리 연산자에는 and(논리곱), or(논리합), not(논리부정)이 있다.

연산자	내용
and	논리곱으로, 양쪽 모두 참(True)일 때 참(True)을 출력하는 연산자
or	논리합으로, 양쪽 중 한쪽만 참(True)이라도 참(True)을 출력하는 연산자
not	논리부정으로, 참(True)과 거짓(False)을 뒤집어서 출력하는 연산자

and 연산자는 두 개의 값이 전부 True일 때 True 값을 출력하고, 나머지 경우는 False를 출력하는 연산자이다.

식	결과
True and True	True
True and False	False
False and True	False
False and False	False

</> 코드 살펴보기
소스코드 T02_19.py

숫자형과 and 연산자

```
print(7==7 and 7==7) # ①
print(7==7 and 7==8) # ②
print(7==8 and 7==8) # ③
```

```
⟨/⟩ 실행결과                          X
True
False
False
```

코드 해설

7==7은 7과 7이 같기 때문에 참이 되어 True, 7==8은 7과 8이 같지 않기 때문에 거짓이 되어 False입니다.

① 7==7 and 7==7이면 True and True이므로 True가 출력됩니다.

② 7==7 and 7==8이면 True and False이므로 False가 출력됩니다.

③ 7==8 and 7==8이면 False and False이므로 False가 출력됩니다.

or 연산자는 두 개의 값 중 하나라도 True이면 True를 출력하고, 두 값이 전부 False인 경우에만 False를 출력하는 연산자이다.

식	결과
True or True	True
True or False	True
False or True	True
False or False	False

</> **코드 살펴보기**　　　　　　　　　　　　　　　　　　　소스코드 **T02_20.py**

숫자형과 or 연산자

```
print(7==7 or 7==7) # ①
print(7==7 or 7==8) # ②
print(7==8 or 7==8) # ③
```

```
⟨/⟩ 실행결과                                    ✕
True
True
False
```

코드 해설

7==7은 7과 7이 같기 때문에 참이 되어 True, 7==8은 7과 8이 같지 않기 때문에 거짓이 되어 False입니다.

① 7==7 or 7==7이면 True or True이므로 True가 출력됩니다.

② 7==7 or 7==8이면 True or False이므로 True가 출력됩니다.

③ 7==8 or 7==8이면 False or False이므로 False가 출력됩니다.

not 연산자는 조건식의 결과를 바꿔서 출력한다. True이면 False로, False이면 True로 변경하는 연산자이다.

식	결과
not True	False
not False	True

</> 코드 살펴보기

소스코드 T02_21.py

숫자형과 not 연산자

```
print(not 7==7) # ①
print(not 7==8) # ②
```

⏹ 실행결과	X
False	
True	

코드 해설

7==7은 7과 7이 같기 때문에 참이 되어 True입니다.

① not 7==7이면 not True이므로 False가 출력됩니다.

② not 7==8이면 not False이므로 True가 출력됩니다.

대입 연산자/복합 대입 연산자

대입 연산자는 변수에 값을 저장하는 연산자이다.

복합 대입 연산자는 변수를 활용할 때 기존의 연산자와 조합해서 사용할 수 있는 연산자이다.

연산자	설명
=	왼쪽의 변수에 오른쪽의 값을 대입하는 연산자
+=	왼쪽의 변수에 오른쪽의 값을 더한 후, 그 결과값을 왼쪽의 변수에 대입하는 연산자
−=	왼쪽의 변수에 오른쪽의 값을 뺀 후, 그 결과값을 왼쪽의 변수에 대입하는 연산자
*=	왼쪽의 변수에 오른쪽의 값을 곱한 후, 그 결과값을 왼쪽의 변수에 대입하는 연산자
/=	왼쪽의 변수를 오른쪽의 값으로 나눈 후, 그 결과값을 왼쪽의 변수에 대입하는 연산자
%=	왼쪽의 변수를 오른쪽의 값으로 나눈 후, 그 나머지를 왼쪽의 변수에 대입하는 연산자
**=	왼쪽의 변수의 값을 오른쪽 수의 제곱한 후 왼쪽 변수에 대입하는 연산자
//=	왼쪽의 변수의 값을 오른쪽 수의 나눈 후 내림한 값을 왼쪽 변수에 대입하는 연산자

코드 살펴보기

소스코드 **T02_22.py**

대입 연산자

```python
a, b = 5, 3 # ①
a += b # ②
print(a)
a -= b # ③
print(a)
a *= b # ④
print(a)
a /= b # ⑤
print(a)
a %= b # ⑥
print(a)
a **= b # ⑦
print(a)
a //= b # ⑧
print(a)
```

실행결과

```
8
5
15
5.0
2.0
8.0
2.0
```

코드 해설

① a 변수에 5를, b 변수에 3를 저장합니다.

② a에 b를 더한 값을 다시 a에 저장합니다. a = a + b와 동일하며, 결과적으로 a는 8이 됩니다.

③ a에서 b를 뺀 값을 다시 a에 저장합니다. a = a − b와 동일하며, 결과적으로 a는 5가 됩니다.

④ a에 b를 곱한 값을 다시 a에 저장합니다. a = a * b와 동일하며, 결과적으로 a는 15가 됩니다.

⑤ a를 b로 나눈 값을 다시 a에 저장합니다. a = a / b와 동일하며, 결과적으로 a는 5.0이 됩니다(실수로 표현).

⑥ a를 b로 나눈 나머지를 다시 a에 저장합니다. a = a % b와 동일하며, 결과적으로 a는 2.0이 됩니다.

⑦ a를 b 제곱한 값을 다시 a에 저장합니다. a = a ** b와 동일하며, 결과적으로 a는 2.0^3=8.00이 됩니다.

⑧ a를 b로 나눈 몫을 다시 a에 저장합니다. a = a // b와 동일하며, 결과적으로 a는 2.0이 됩니다.

연산자 우선순위

파이썬에서 사용되는 연산자는 산술, 비트, 비교, 논리, 대입 연산자 등이 있다.

파이썬 숫자 연산자 우선순위는 괄호를 먼저 계산하고, 덧셈 및 뺄셈보다 곱셈 및 나눗셈을 먼저 계산하고, 왼쪽에서 오른쪽 순서로 계산한다.

숫자 연산자 다음으로는 비교 연산자, 논리 연산자, 대입 연산자 순으로 계산한다.

우선순위	연산자	종류
1	( )	괄호
2	**	숫자 연산자
3	*, /, //, %	
4	+, −	
5	《, 》, &, ^, |	비트 연산자
6	==, !=, 〈, 〈=, 〉, 〉=	비교 연산자
7	not	논리 연산자
8	and	
9	or	
10	=, +=, −=, *=, /=, %=, **=, //=	대입 연산자

</> 코드 살펴보기   소스코드 T02_23.py

연산자 우선순위

```
a = not 2 ** 3 + 5 >= 0 # ①
print(a)
```
연산자 우선순위를 괄호로 변경했을 때
a = not(((2 ** 3) + 5) >= 0)와 같은 코드입니다.

💠 실행결과	X
False	

코드 해설

① a = not 2 ** 3 + 5 〉= 0에서 **의 우선순위가 가장 높아 먼저 2**3을 계산하여 2^3인 8이 됩니다. 그 다음 a = not 8 + 5 〉= 0에서 +의 우선순위가 높으므로 8+5를 계산하면 13이 됩니다. 그 다음 a = not 13 〉= 0에서 〉=의 우선순위가 높으므로 13 〉= 0을 계산하면 True가 됩니다. 그 다음 a = not True에서 not의 우선순위가 높으므로 not True를 계산하면 False가 됩니다. 그러면 a=False가 되어 a는 False가 됩니다.

2.3 자료형 확인

▶ 영상 보러가기

type 함수

파이썬에서 값이나 변수의 자료형을 확인할 때는 type 함수를 사용한다.

type 함수는 값이나 변수의 자료형을 확인하여 반환하는 함수이다. 반환값은 클래스 형태로 표시된다.

```
type(값)
```

</> 코드 살펴보기

소스코드 T02_24.py

type 함수

```
print(type(True)) # ①
print(type(1)) # ②
print(type(3.14)) # ③
```

```
◁» 실행결과                           ×
<class 'bool'>
<class 'int'>
<class 'float'>
```

코드 해설

① True는 논리형이므로 이를 의미하는 〈class 'bool'〉이 출력됩니다.
② 1은 정수형이므로 이를 의미하는 〈class 'int'〉가 출력됩니다.
③ 3.14는 실수형이므로 이를 의미하는 〈class 'float'〉가 출력됩니다.

Tip 뒤에서 다루는 시퀀스, 비시퀀스 자료형에서도 type 함수를 사용해서 자료형을 확인할 수 있습니다.

01 a, b, c라는 변수에 각각 10, −5, 0을 저장하고, 이 값을 출력하는 코드를 작성해보자.

실행결과   X

```
10 -5 0
```

02 변수 a, b, c에 각각 2진수 101, 8진수 123, 16진수 ABC를 저장하고, 이를 10진수로 출력하는 코드를 작성해보자.

실행결과   X

```
5 83 2748
```

03 사용자로부터 두 숫자를 입력받아, 두 숫자의 곱을 출력하는 코드를 작성해보자.

[입력]

```
입력1: 5
입력2: 3
```

실행결과   X

```
15
```

04 두 숫자를 입력받아 두 숫자가 모두 5를 초과하는 경우 True, 그렇지 않으면 False 를 출력하는 코드를 작성해보자.

[입력]

입력1: 5

입력2: 3

⟨⟩ 실행결과   X

False

05 두 숫자를 입력받아 첫 번째 숫자를 두 번째 숫자로 나눴을 때의 몫과 나머지를 출력하는 코드를 작성해보자.

[입력]

입력1: 5

입력2: 3

⟨⟩ 실행결과   X

몫: 1

나머지: 2

06 변수 a에 123, b에 3.14를 저장하고, 이를 10진수 및 소수점 이하 1자리까지 출력하는 코드를 작성해보자.

◈ 실행결과	X
123, 3.1	

07 세 숫자를 입력받아, 세 숫자 중 적어도 하나라도 0 이상일 경우 True, 세 숫자가 모두 음수일 경우 False를 출력하는 코드를 작성해보자.

[입력]

입력1: -2
입력2: -3
입력3: -1

◈ 실행결과	X
False	

01 소스코드 Q02_01.py

```
a, b, c = 10, -5, 0
print(a, b, c)
```

02 소스코드 Q02_02.py

```
a = 0b101
b = 0o123
c = 0xABC
print(a, b, c)
```

03 소스코드 Q02_03.py

```
x = int(input("입력1: "))
y = int(input("입력2: "))
print(x * y)
```

04 소스코드 Q02_04.py

```
x = int(input("입력1: "))
y = int(input("입력2: "))
print(x > 5 and y > 5)
```

05 소스코드 Q02_05.py

```python
x = int(input("입력1: "))
y = int(input("입력2: "))
print("몫: ", x // y)
print("나머지: ", x % y)
```

06 소스코드 Q02_06.py

```python
a = 123
b = 3.14
print("%d, %.1f" % (a, b))
```

07 소스코드 Q02_07.py

```python
a = int(input("입력1: "))
b = int(input("입력2: "))
c = int(input("입력3: "))
print(a >= 0 or b >= 0 or c >= 0)
```

3장

시퀀스 자료형

프로그래밍을 하다 보면 데이터를 저장하고 처리하는 다양한 방법이 필요합니다. 그 중에서도 시퀀스 자료형은 데이터를 순서대로 저장하고 효율적으로 다룰 수 있게 해주는 중요한 도구입니다. 꼬물이는 파이썬을 배우는 과정에서 리스트, 튜플, 문자열과 같은 시퀀스 자료형을 알게 되었고, 이를 통해 데이터를 체계적으로 관리하고 활용할 수 있다는 것을 깨달았습니다. 이 장에서는 파이썬의 주요 시퀀스 자료형인 리스트, 튜플, 문자열의 특징과 사용법, 그리고 상황에 맞는 자료형 선택 방법을 꼬물이와 함께 배워보겠습니다.

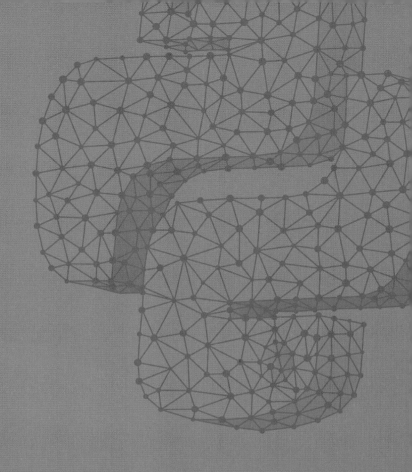

무엇을 배워볼까요?

학습목표 1: 순서가 있는 시퀀스 자료형인 문자열, 리스트, 튜플의
특징을 이해하고 각각의 차이점을 알아본다.

학습목표 2: 인덱싱과 슬라이싱을 이용하여 시퀀스 자료형의 특정
요소에 접근하고 조작해본다.

학습목표 3: 시퀀스 자료형의 다양한 메서드를 활용하여 데이터를
관리하고 원하는 형태로 가공해본다.

3.1 문자열

▶ 영상 보러가기

문자열 개념

문자열은 문자를 한 개 또는 여러 개 저장하고자 할 때 사용하는 자료형이다.

문자열 생성

기본 문자열 생성

문자열을 생성할 때 큰따옴표(" ")나 작은따옴표(' ')로 묶어서 표현할 수 있다.

```
"문자열"
```

```
'문자열'
```

</> 코드 살펴보기

소스코드 T03_01.py

기본 문자열을 생성하고 출력

```
a, b, c, d = "abc", 'abc', "123", '123' # ①
print(a, b, c, d) # ②
```

실행결과　　　　　　　　　　　　　　　　×

```
abc abc 123 123
```

코드 해설

① a 변수에 큰따옴표(" ")로 감싼 문자열 "abc"를, b 변수에 작은따옴표(' ')로 감싼 문자열 'abc'를, c 변수에 큰따옴표(" ")로 감싼 문자열 "123"을, d 변수에 작은따옴표(' ')로 감싼 문자열 '123'을 저장합니다.

② a, b, c, d 변수를 출력합니다.

> **Tip** 숫자로만 구성되어 있어도 따옴표로 묶여 있으면 문자열입니다.

따옴표가 포함된 문자열 생성

작은따옴표(')가 포함된 문자열을 만들 때는 큰따옴표(" ")로 감싸고, 큰따옴표(" ")가 포함된 문자열은 작은따옴표(')로 감싼다.

따옴표가 포함된 문자열 생성(1)

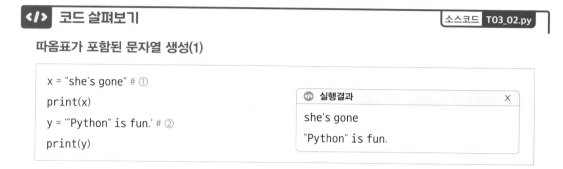

```
x = "she's gone" # ①
print(x)
y = '"Python" is fun.' # ②
print(y)
```

```
</> 실행결과                                    X

she's gone
"Python" is fun.
```

코드 해설

① x 변수에 작은따옴표(')가 포함된 문자열 she's gone을 큰따옴표(" ")로 감싸서 저장하고, x 변수의 값을 출력합니다.

② y 변수에는 큰따옴표(" ")가 포함된 문자열 '"Python" is fun.'을 작은따옴표(')로 감싸서 저장하고, y 변수의 값을 출력합니다.

┌─ Enter 키 위에 있는 \ 키를 누르면 됩니다(=₩).

이스케이프 문자(\)를 사용하여 따옴표를 처리할 수 있다.

이스케이프 문자(\) 바로 뒤에 따옴표를 사용하면, \'의 경우 작은따옴표만 남고, \"의 경우 큰따옴표만 남는다.

</> 코드 살펴보기   소스코드 **T03_03.py**

따옴표가 포함된 문자열 생성(2)

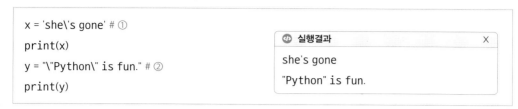

```python
x = 'she\'s gone' # ①
print(x)
y = "\"Python\" is fun." # ②
print(y)
```

실행결과 ✕

```
she's gone
"Python" is fun.
```

코드 해설

① x 변수에 작은따옴표(')가 포함된 문자열 she's gone을 작은따옴표로 감싸서 저장하되, 작은따옴표가 문자열 내부에서 처리될 수 있도록 이스케이프 문자(\)를 사용합니다.

② y 변수에는 큰따옴표(")가 포함된 문자열 "Python" is fun.을 큰따옴표로 감싸서 저장하되, 큰따옴표가 문자열 내부에서 처리될 수 있도록 이스케이프 문자(\)를 사용합니다.

삼중 따옴표(''' ''' 또는 """ """)를 사용하면, 따옴표를 이스케이프할 필요 없이 문자열 안에 포함시킬 수 있다.

</> 코드 살펴보기   소스코드 **T03_04.py**

따옴표가 포함된 문자열 생성(3)

```python
x = '''she's gone''' # ①
print(x)
y = """"Python" is fun.""" # ②
print(y)
```

실행결과 ✕

```
she's gone
"Python" is fun.
```

코드 해설

① x 변수에 작은따옴표(')가 포함된 문자열 she's gone을 삼중 작은따옴표(''' ''')로 감싸서 저장합니다.

② y 변수에는 큰따옴표(")가 포함된 문자열 "Python" is fun.을 삼중 큰따옴표(""" """)로 감싸서 저장합니다. 그리고 y 변수의 값을 출력합니다.

줄바꿈이 포함된 문자열 생성

\n은 줄바꿈을 의미하는 이스케이프 문자로, 문자열 내에서 줄바꿈을 표현할 때 사용한다.

줄바꿈이 포함된 문자열 생성(1)

```
x = "첫 번째 줄\n두 번째 줄\n세 번째 줄"  # ①
print(x) # ②
```

실행결과

```
첫 번째 줄
두 번째 줄
세 번째 줄
```

코드 해설

① x 변수에 각 줄을 구분하기 위해 줄바꿈 문자(\n)를 사용합니다. 문자열 "첫 번째 줄\n두 번째 줄\n세 번째 줄"에
　서 \n은 줄바꿈을 의미하며, 이를 통해 출력 시 문자열이 각각 새로운 줄에 출력됩니다.

② print(x)를 통해 x 변수에 저장된 문자열을 출력하면, 각 줄이 줄바꿈되어 출력됩니다.

\n을 이용해 문자열을 작성할 때, 한 줄로 표현하면 가독성이 떨어질 수 있기 때문에, 이를 개선하기 위해 백슬래시(\)를 사용하여 여러 줄에 걸쳐 문자열을 작성할 수 있다.

백슬래시(\)를 사용하면 코드를 여러 줄로 나누어 작성하더라도, 문자열은 여전히 하나로 인식된다.

줄바꿈이 포함된 문자열 생성(2)

```
x = "첫 번째 줄\n" \
    "두 번째 줄\n" \
    "세 번째 줄"  # ①
print(x) # ②
```

실행결과

```
첫 번째 줄
두 번째 줄
세 번째 줄
```

코드 해설

① x 변수에서 각 줄을 구분하기 위해 줄바꿈 문자(\n)를 사용합니다. 이때 코드 가독성을 높이기 위해 백슬래시(\)
　를 사용하여 여러 줄에 걸쳐 문자열을 작성할 수 있습니다.

② print(x)를 통해 x 변수에 저장된 문자열을 출력하면, 각 줄이 줄바꿈되어 출력됩니다.

삼중 따옴표를 사용하면, 문자열 내에서 줄바꿈 문자를 따로 사용하지 않아도, 작성된 그대로 여러 줄에 걸쳐 문자열을 표현할 수 있다.

코드 살펴보기 소스코드 **T03_07.py**

줄바꿈이 포함된 문자열 생성(3)

```
x = """첫 번째 줄
두 번째 줄
세 번째 줄""" # ①
print(x) # ②
```

실행결과
```
첫 번째 줄
두 번째 줄
세 번째 줄
```

코드 해설

① x 변수에 여러 줄로 이루어진 문자열을 삼중 큰따옴표("""")를 사용하여 저장하면 삼중 따옴표 내에 있는 문자열 그대로 저장하므로, "첫 번째 줄\n두 번째 줄\n세 번째 줄"과 동일한 결과를 얻을 수 있습니다.

② print(x)를 통해 x 변수에 저장된 문자열을 출력하면, 각 줄이 줄바꿈되어 출력됩니다.

문자열 출력

% 형식화를 이용한 문자열 출력

형식 코드를 이용해 문자열을 출력할 수 있다.

% 뒤의 인자는 % 앞의 형식 코드에 순서대로 대응되어 출력된다.

% 형식 코드의 종류는 다음과 같다.

형식 코드	설명
%s	String(문자열)
%c	Character(문자 1개)
%%	%를 출력

> **Tip** % 형식화에서 %d, %s와 같이 형식 코드로 사용하기 때문에 %만 단독으로 저장하려면 %%를 이용해야 합니다.

> **Tip** 두 글자 이상의 문자열이 저장된 변수를 출력할 때 %c 형식 코드를 이용하게 되면 오류가 발생합니다.

</> 코드 살펴보기　　　　　소스코드 **T03_08.py**

% 형식화를 이용한 문자열 출력(1)

```
a = "abc" # ①
print("%s" % a) # ②
b = "x" # ③
print("%c %s" % (b, b)) # ④
print("%c%%" % b) # ⑤
```

실행결과　　　　　×

```
abc
x x
x%
```

코드 해설

① a 변수에 "abc" 문자열을 저장합니다.
② 문자열 형식으로 출력합니다.

③ b 변수에 "x" 문자를 저장합니다.
④ 문자 형식으로 출력합니다.

⑤ %c는 b 변수에 있는 "x"이고, %%는 %가 되어 x%를 출력합니다.

% 형식화를 이용한 문자열 상세 출력

문자열의 경우 %와 s 사이에 숫자를 넣으면 해당 숫자만큼의 공간이 확보된다.

%s 안에 −를 붙이면 왼쪽 정렬이 되고, −를 붙이지 않으면 오른쪽 정렬이 된다.

왼쪽 정렬	오른쪽 정렬
%−너비s	%너비s

% 형식화를 이용한 문자열 출력(2)

```
x="abc" # ①
print("%-10s %10s" % (x, x)) # ②
print("%2s" % x) # ③
```

```
⟨/⟩ 실행결과                          ✕
abc            abc
abc
```

코드 해설

① x 변수에 문자열 "abc"를 저장합니다.

② 첫 번째 %-10s는 x를 최소 10자리 폭으로 확보하고, 왼쪽 정렬하여 출력합니다. 두 번째 %10s는 x를 최소 10자리 폭으로 확보하고, 오른쪽 정렬하여 출력합니다.

③ 문자열 x를 최소 2자리 폭으로 확보하여 출력합니다. 하지만 x의 길이가 2보다 크기 때문에, 그냥 "abc"가 그대로 출력됩니다.

f 문자열을 이용한 문자열 출력

문자열 앞에 f를 붙이면, 중괄호와 변수 이름만으로 문자열에 원하는 변수를 삽입할 수 있다.

```
print(f"{인자1} {인자2}")
```

{ } 문자를 포함하려면 {{와 }}를 사용해야 한다.

> **Tip** 인자를 나타낼 때 중괄호를 이용해야 하기 때문에 중괄호를 표현하려면 중괄호를 2번 써주어야 합니다.

f 문자열을 이용한 변수 출력

```
a = "abc" # ①
print(f"{a}") # ②
print(f"{{{a}}}") # ③
```

```
⟨/⟩ 실행결과                          ✕
abc
{abc}
```

코드 해설

① a 변수에 "abc" 문자열을 저장합니다.

② a 변수의 값인 abc를 출력합니다.

③ {{는 {이고, {a}는 a 변수의 값인 abc이고, }}는 }이므로 {abc}를 출력합니다.

f 문자열을 이용한 문자열 상세 출력

문자열의 경우 콜론(:) 뒤에 숫자를 넣으면 해당 숫자만큼의 공간이 확보된다.

왼쪽 정렬은 ⟨, 가운데 정렬은 ^, 오른쪽 정렬은 ⟩로 표현하며, 콜론(:)과 ⟨, ^, ⟩ 사이에 문자를 넣으면 빈 공간이 해당 문자로 채워진다.

정렬 빈 공간 처리	왼쪽 정렬	가운데 정렬	오른쪽 정렬
빈 공간 안 채우기	{인자:⟨너비}	{인자:^너비}	{인자:너비} {인자:⟩너비}
빈 공간 글자로 채우기	{인자:글자⟨공간}	{인자:글자^공간}	{인자:글자⟩공간}

</> 코드 살펴보기   소스코드 T03_11.py

f 문자열을 이용한 문자열 출력

```
x="abc" # ①
print(f"{x:<10} {x:^10} {x:>10}") # ②
print(f"{x:x<10} {x:y^10} {x:z>10}") # ③
print(f"{x:2}") # ④
```

실행결과

```
abc        abc              abc
abcxxxxxxx yyyabcyyyy zzzzzzzabc
abc
```

코드 해설

① x 변수에 문자열 "abc"를 저장합니다.

② 첫 번째 :⟨10는 x를 최소 10자리 폭으로 확보하고, 왼쪽 정렬하여 출력합니다. 두 번째 :^10는 x를 최소 10자리 폭으로 확보하고, 가운데 정렬하여 출력합니다. 세 번째 :⟩10는 x를 최소 10자리 폭으로 확보하고, 오른쪽 정렬하여 출력합니다.

③ 첫 번째 :⟨10는 x를 최소 10자리 폭으로 확보하고, 왼쪽 정렬하여 출력합니다. 빈 공간은 x로 채워집니다. 두 번째 :^10는 x를 최소 10자리 폭으로 확보하고, 가운데 정렬하여 출력합니다. 빈 공간은 y로 채워집니다. 세 번째 :⟩10는 x를 최소 10자리 폭으로 확보하고, 오른쪽 정렬하여 출력합니다. 빈 공간은 z로 채워집니다.

④ 문자열 x를 최소 2자리 폭으로 확보하여 출력합니다. 하지만 x의 길이가 2보다 크기 때문에, 그냥 "abc"가 그대로 출력됩니다.

format 함수를 이용한 문자열 출력

문자열의 내장 함수인 format 함수를 사용하여 변수의 값을 출력한다.

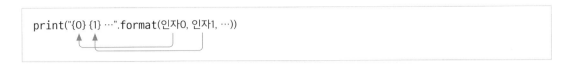

```
print("{0} {1} …".format(인자0, 인자1, …))
```

</> **코드 살펴보기**　　　　　　　　　　　　　　　소스코드 **T03_12.py**

format 함수를 이용한 문자열 출력(1)

```
a = "abc" # ①
print("{0}".format(a)) # ②
print("{{{0}}}".format(a)) # ③
```

⏎ 실행결과	X
abc	
{abc}	

코드 해설

① a 변수에 "abc" 문자열을 저장합니다.
② a 변수를 출력합니다.
③ {{는 {이고, {0}는 a 변수의 값인 abc이고, }}는 }이므로 {abc}를 출력합니다.

format 함수를 이용한 문자열 상세 출력

문자열의 경우 콜론(:) 뒤에 숫자를 넣으면 해당 숫자만큼의 공간이 확보된다.

왼쪽 정렬은 〈, 가운데 정렬은 ^, 오른쪽 정렬은 〉로 표현하며, 콜론(:)과 〈, ^, 〉 사이에 문자를 넣으면 빈 공간이 해당 문자로 채워진다.

정렬 빈 공간 처리	왼쪽 정렬	가운데 정렬	오른쪽 정렬
빈 공간 안 채우기	{:〈너비}	{:^너비}	{:너비} {:〉너비}
빈 공간 글자로 채우기	{:글자〈공간}	{:글자^공간}	{:글자〉공간}

코드 살펴보기

format 함수를 이용한 문자열 출력(2)

```
x="abc" # ①
print("{:<10} {:^10} {:>10}".format(x, x, x)) # ②
print("{:x<10} {:y^10} {:z>10}".format(x, x, x)) # ③
print("{:2s}".format(x)) # ④
```

실행결과   X
```
abc          abc          abc
abcxxxxxxx yyyabcyyyy zzzzzzzabc
abc
```

코드 해설

① x 변수에 문자열 "abc"를 저장합니다.

② 첫 번째 :<10s는 x를 최소 10자리 폭으로 확보하고, 왼쪽 정렬하여 출력합니다. 두 번째 :^10s는 x를 최소 10자리 폭으로 확보하고, 가운데 정렬하여 출력합니다. 세 번째 :>10s는 x를 최소 10자리 폭으로 확보하고, 오른쪽 정렬하여 출력합니다.

③ 첫 번째 :<10는 x를 최소 10자리 폭으로 확보하고, 왼쪽 정렬하여 출력합니다. 빈 공간은 x로 채워집니다. 두 번째 :^10는 x를 최소 10자리 폭으로 확보하고, 가운데 정렬하여 출력합니다. 빈 공간은 y로 채워집니다. 세 번째 :>10는 x를 최소 10자리 폭으로 확보하고, 오른쪽 정렬하여 출력합니다. 빈 공간은 z로 채워집니다.

④ 문자열 x를 최소 2자리 폭으로 확보하여 출력합니다. 하지만 x의 길이가 2보다 크기 때문에, 그냥 "abc"가 그대로 출력됩니다.

문자열 인덱싱

인덱싱은 문자열에서 특정 요소에 접근하는 방법이다.

문자열의 길이가 n일 때 인덱스는 다음과 같다. 파이썬에서 인덱스는 0부터 시작한다.

첫 번째 요소	두 번째 요소	…	뒤에서 두 번째 요소	뒤에서 첫 번째 요소
0	1	…	(n−2)	(n−1)
−n	−(n−1)	…	−2	−1

문자열의 특정 요소의 값 출력

```
s = "Hello" # ①
print(s[0], s[1], s[2], s[3], s[4]) # ②
print(s[-5], s[-4], s[-3], s[-2], s[-1]) # ③
```

실행결과 　　　　　　　　　　　　　X

```
Hello
Hello
```

코드 해설

① s 변수에 "Hello"를 저장합니다.

s[0], s[-5]	s[1], s[-4]	s[2], s[-3]	s[3], s[-2]	s[4], s[-1]
H	e	l	l	o

② s 변수에 저장되어 있는 s[0]부터 s[4]까지 값을 차례대로 출력합니다.

③ s[−5]부터 s[−1]까지 값을 차례대로 출력합니다.

문자열 슬라이싱(순방향)

문자열 슬라이싱은 문자열의 일부분을 잘라내어 추출하는 기능이다. 원본 문자열은 변경되지 않는다.

```
str[start : stop : step]
```

start는 슬라이싱이 시작되는 인덱스이고, stop은 슬라이싱이 끝나는 인덱스이고, step은 몇 칸씩 건너뛸지에 대한 값이다.

start 인덱스를 생략하면 0번지부터 슬라이싱하고, stop 인덱스를 생략하면 문자열의 끝까지 슬라이싱하고, step을 생략하면 기본적으로 1씩 증가하며 슬라이싱한다.

Tip　문자열에서 시작 인덱스부터 종료 인덱스 직전까지, 지정된 step만큼 건너뛰면서 문자를 추출합니다.

</> 코드 살펴보기

문자열 슬라이싱(1)

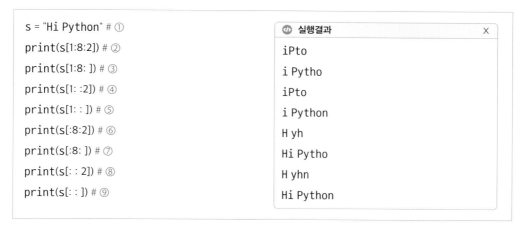

```
s = "Hi Python" # ①
print(s[1:8:2]) # ②
print(s[1:8: ]) # ③
print(s[1: :2]) # ④
print(s[1: : ]) # ⑤
print(s[:8:2]) # ⑥
print(s[:8: ]) # ⑦
print(s[: :2]) # ⑧
print(s[: : ]) # ⑨
```

실행결과
```
iPto
i Pytho
iPto
i Python
H yh
Hi Pytho
H yhn
Hi Python
```

코드 해설

① s 변수에 "Hi Python"을 저장합니다.

s[0]	s[1]	s[2]	s[3]	s[4]	s[5]	s[6]	s[7]	s[8]
H	i		P	y	t	h	o	n

② 인덱스 1부터 8 이전인 7까지, 2칸씩 건너뛰며 슬라이싱합니다. 인덱스 1은 i, 인덱스 3은 P, 인덱스 5는 t, 인덱스 7은 o이므로, 출력결과는 "iPto"입니다.

③ 인덱스 1부터 8 이전인 7까지, step을 생략했으므로 1칸씩 슬라이싱합니다. 인덱스 1은 i, 인덱스 2는 공백, 인덱스 3은 P, 인덱스 4는 y, 인덱스 5는 t, 인덱스 6은 h, 인덱스 7은 o이므로, 출력결과는 "i Pytho"입니다.

④ 인덱스 1부터 끝까지, 2칸씩 건너뛰며 슬라이싱합니다. 인덱스 1은 i, 인덱스 3은 P, 인덱스 5는 t, 인덱스 7은 o이므로, 출력결과는 "iPto"입니다.

⑤ 인덱스 1부터 끝까지, step을 생략했으므로 1칸씩 슬라이싱합니다. 인덱스 1부터 문자열 끝까지 순차적으로 추출하므로, 출력결과는 "i Python"입니다.

⑥ 인덱스 0부터 8 이전인 7까지, 2칸씩 건너뛰며 슬라이싱합니다. 인덱스 0은 H, 인덱스 2는 공백, 인덱스 4는 y, 인덱스 6은 h이므로, 출력결과는 "H yh"입니다.

⑦ 인덱스 0부터 8 이전인 7까지, step을 생략했으므로 1칸씩 슬라이싱합니다. 인덱스 0부터 7까지 순차적으로 추출하므로, 출력결과는 "Hi Pytho"입니다.

⑧ 인덱스 0부터 끝까지, 2칸씩 건너뛰며 슬라이싱합니다. 인덱스 0은 H, 인덱스 2는 공백, 인덱스 4는 y, 인덱스 6은 h, 인덱스 8은 n이므로, 출력결과는 "H yhn"입니다.

⑨ 인덱스 0부터 끝까지, step을 생략했으므로 1칸씩 슬라이싱합니다. 전체 문자열을 그대로 추출하므로, 출력결과는 "Hi Python"입니다.

문자열 슬라이싱(역방향)

```
str[start : stop : step]
```

start는 슬라이싱이 시작되는 인덱스이고, stop은 슬라이싱이 끝나는 인덱스이고, step은 몇 칸씩 건너뛸지에 대한 값이다.

step 값이 음수일 경우, start 인덱스를 생략하면 문자열의 마지막 인덱스부터 슬라이싱하고, stop 인덱스를 생략하면 문자열의 0번 인덱스까지 슬라이싱된다.

</> 코드 살펴보기   소스코드 T03_16.py

문자열 슬라이싱(2)

```
s = "Hi Python" # ①
print(s[-2:-5:-1]) # ②
print(s[-2: :-1]) # ③
print(s[ :-5:-1]) # ④
print(s[ : : -1]) # ⑤
```

실행결과   ×

```
oht
ohtyP iH
noht
nohtyP iH
```

코드 해설

① a 변수에 "Hello Python"을 저장합니다.

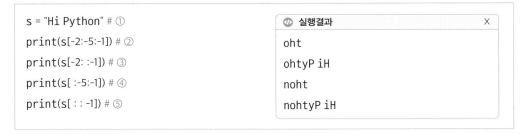

s[-9]	s[-8]	s[-7]	s[-6]	s[-5]	s[-4]	s[-3]	s[-2]	s[-1]
H	i		P	y	t	h	o	n

② 인덱스 −2부터 −5 이전인 −4까지 역순으로, 뒤에서 앞으로 한 글자씩 슬라이싱합니다. 인덱스 −2는 o, −3은 h, −4는 t이므로, 출력결과는 "oht"입니다.

③ 인덱스 −2부터 문자열의 처음까지 역순으로 한 글자씩 슬라이싱합니다. 인덱스 −2는 o, 그 뒤로 h, t, y, P, 공백, i, H까지 모두 추출되므로, 출력결과는 "ohtyP iH"입니다.

④ 인덱스 −1부터 −5 이전인 −4까지, 문자열 끝에서 −5 인덱스 전까지 역순으로 슬라이싱합니다. 인덱스 −1은 n, −2는 o, −3은 h, −4는 t이므로, 출력결과는 "noht"입니다.

⑤ 문자열 전체를 역순으로 슬라이싱합니다. 인덱스 −1부터 시작해서 인덱스 −9까지 한 글자씩 역순으로 추출하므로, 출력결과는 "nohtyP iH"입니다.

문자열과 함께 사용하는 연산자

숫자 연산자

문자열을 연결하거나 반복할 때 사용하는 연산자이다.

문자열을 연결할 때는 + 연산자를, 문자열을 반복 때는 * 연산자를 사용한다.

연산자	설명
+	문자열 연결 연산자
*	문자열 반복 연산자

</> 코드 살펴보기

정수형과 숫자 연산자

```
a, b = "Hello", "World" # ①
print(a+b) # ②
print(a*3) # ③
```

```
실행결과                                         X
HelloWorld
HelloHelloHello
```

코드 해설

① a 변수에 "Hello"를 저장하고, b 변수에 "World"를 저장합니다.
② 문자열 a와 b를 더하면 두 문자열이 하나로 연결되므로, 출력결과는 "HelloWorld"입니다.
③ 문자열 a를 3번 반복하여 출력합니다. "Hello"를 3번 이어붙이므로, 출력결과는 "HelloHelloHello"입니다.

비교 연산자

비교 연산자는 두 문자열이 같은지 다른지를 비교하는 연산자이다.

연산자	설명
==	두 문자열이 같은지 비교하는 연산자
!=	두 문자열이 다른지 비교하는 연산자
〈	왼쪽 문자열이 오른쪽 문자열보다 작은지 비교하는 연산자
〉	왼쪽 문자열이 오른쪽 문자열보다 큰지 비교하는 연산자
〈=	왼쪽 문자열이 오른쪽 문자열보다 작거나 같은지 비교하는 연산자
〉=	왼쪽 문자열이 오른쪽 문자열보다 크거나 같은지 비교하는 연산자

85

영어는 대문자가 소문자보다 값이 작고, 사전 순서(ABC 순)로 앞에 있는 것이 작은 값을 갖는다. 문자열 비교는 문자 단위로 순차적으로 이루어진다.

└─ A〈B〈C〈…〈X〈Y〈Z〈a〈b〈c〈…〈x〈y〈z

</> 코드 살펴보기 소스코드 T03_18.py

문자열과 비교 연산자(1)

```
print('ABC' == 'ABC') # ①
print('ABC' == 'DEF') # ②
print('ABC' != 'ABC') # ③
print('ABC' != 'DEF') # ④
print('ABC' < 'ABC') # ⑤
print('ABC' < 'DEF') # ⑥
print('ABC' <= 'ABC') # ⑦
print('ABC' <= 'DEF') # ⑧
```

실행결과
```
True
False
False
True
False
True
True
True
```

코드 해설

① 문자열 'ABC'가 문자열 'ABC'와 같은지 비교하는데, 두 문자열이 동일하므로, 출력결과는 True입니다.

② 문자열 'ABC'가 문자열 'DEF'와 같은지 비교하는데, 두 문자열이 다르므로, 출력결과는 False입니다.

③ 문자열 'ABC'가 문자열 'ABC'와 다른지 비교하는데, 두 문자열이 동일하므로, 출력결과는 False입니다.

④ 문자열 'ABC'가 문자열 'DEF'와 다른지 비교하는데, 두 문자열이 다르므로, 출력결과는 True입니다.

⑤ 문자열 'ABC'가 문자열 'ABC'보다 작은지 비교하는데, 두 문자열이 동일하므로, 출력결과는 False입니다.

⑥ 문자열 'ABC'가 문자열 'DEF'보다 작은지 비교하는데, 문자열 비교는 사전 순서로 이루어지며, 'ABC'가 'DEF'보다 앞서므로, 출력결과는 True입니다.

⑦ 문자열 'ABC'가 문자열 'ABC'보다 작거나 같은지 비교하는데, 두 문자열이 동일하므로, 출력결과는 True입니다.

⑧ 문자열 'ABC'가 문자열 'DEF'보다 작거나 같은지 비교하는데, 'ABC'가 'DEF'보다 앞서므로, 출력결과는 True입니다.

문자열과 비교 연산자(2)

```
print('abc' == 'ABC') # ①
print('abc' != 'ABC') # ②
print('abc' < 'ABC') # ③
print('abc' <= 'ABC') # ④
```

실행결과
```
False
True
False
False
```

코드 해설

① 문자열 'abc'가 문자열 'ABC'와 동일한지 비교하는데, 대소문자가 다르므로, 출력결과는 False입니다.

② 문자열 'abc'가 문자열 'ABC'와 다른지 비교하는데, 대소문자가 다르므로, 출력결과는 True입니다.

③ 문자열 'abc'가 문자열 'ABC'보다 작은지 비교하는데, 문자열 비교는 사전순서로 이루어지며, 대문자가 소문자보다 먼저 옵니다. 그래서 'abc'는 'ABC'보다 뒤에 위치하므로, 출력결과는 False입니다.

④ 문자열 'abc'가 문자열 'ABC'보다 작거나 같은지 비교합니다. 대소문자 구분으로 인해 'abc'가 'ABC'보다 뒤에 위치하므로, 출력결과는 False입니다.

한글은 사전 순서(가나다 순)로 앞에 있는 것이 작은 값을 갖는다.

문자열과 비교 연산자(3)

```
print("노트북" == "노트북") # ①
print("노트북" == "프린터") # ②
print("노트북" < "프린터") # ③
```

실행결과
```
True
False
True
```

코드 해설

① 문자열 "노트북"이 문자열 "노트북"과 동일한지 비교하는데, 두 문자열이 완전히 일치하므로, 출력결과는 True입니다.

② 문자열 "노트북"이 문자열 "프린터"와 동일한지 비교하는데, 두 문자열이 다르므로, 출력결과는 False입니다.

③ 문자열 "노트북"이 문자열 "프린터"보다 작은지 비교하는데, 파이썬에서 문자열 비교는 사전 순서로 이루어집니다. "노트북"의 첫 번째 문자인 '노'가 "프린터"의 첫 번째 문자인 '프'보다 작으므로, 출력결과는 True입니다.

대입 연산자/복합 대입 연산자

대입 연산자는 변수에 값을 대입하는 연산자이다.

연산자	내용
=	왼쪽의 변수에 오른쪽의 문자열을 대입하는 연산자
+=	왼쪽의 변수에 오른쪽의 문자열을 연결하는 연산자
*=	왼쪽의 변수에 오른쪽의 문자열을 반복하는 연산자

</> 코드 살펴보기 　　　　　　　　　　　　　　　　　소스코드 **T03_21.py**

문자열과 대입 연산자

```
a, b = "Hello", "World" # ①
a += b # ②
print(a)
a *= 2 # ③
print(a)
```

실행결과   ✕
```
HelloWorld
HelloWorldHelloWorld
```

코드 해설

① 변수 a에 문자열 "Hello"를, 변수 b에 문자열 "World"를 저장합니다.
② a에 b를 연결합니다. a = a + b와 같기 때문에, a는 "HelloWorld"로 변경됩니다.
③ a를 2번 반복합니다. a = a * 2와 같기 때문에 a는 "HelloWorldHelloWorld"로 변경됩니다.

in 연산자

in 연산자는 주어진 문자열이 특정 문자열에 포함되어 있는지를 확인하는 연산자이며, 대소문자를 구분한다.

```
주어진문자열 in 특정문자열
```

</> **코드 살펴보기**   소스코드 **T03_22.py**

문자열과 in 연산자

```
print("Hello" in "Hello Python") # ①
print("hello" in "Hello Python") # ②
print("Hello" not in "Hello Python") # ③
print("hello" not in "Hello Python") # ④
```

```
⟨/⟩ 실행결과                                  ✕
True
False
False
True
```

코드 해설

① 문자열 "Hello"가 문자열 "Hello Python"에 포함되어 있는지 확인합니다. "Hello"는 "Hello Python"의 첫 부분과 일치하므로, 출력결과는 True입니다.

② 문자열 "hello"가 문자열 "Hello Python"에 포함되어 있는지 확인합니다. 대소문자가 구분되기 때문에 "hello"는 "Hello Python"에 존재하지 않으므로, 출력결과는 False입니다.

③ 문자열 "Hello"가 문자열 "Hello Python"에 포함되어 있지 않은지 확인합니다. "Hello"는 "Hello Python"의 첫 부분과 일치하므로, 출력결과는 False입니다.

④ 문자열 "hello"가 문자열 "Hello Python"에 포함되어 있지 않은지 확인합니다. "hello"는 존재하지 않으므로, 출력결과는 True입니다.

문자열과 함께 사용하는 내장 함수

len 함수

len 함수는 문자열 내의 문자의 개수를 반환하는 함수이다.

</> **코드 살펴보기**   소스코드 **T03_23.py**

문자열과 len 함수

```
s = "hello" # ①
print(len(s)) # ②
```

```
⟨/⟩ 실행결과                                  ✕
5
```

코드 해설

① s 문자열에 "hello"를 저장합니다.
② 'hello'는 5글자이므로 5를 출력합니다.

Tip   내장 함수는 리스트뿐만 아니라 다른 자료형일 때도 사용할 수 있습니다.

min 함수/max 함수

min 함수는 문자열에서 사전 순으로 가장 작은 문자를 알려주는 함수이다.

max 함수는 문자열에서 사전 순으로 가장 큰 문자를 알려주는 함수이다.

소스코드 T03_24.py

〈/〉 코드 살펴보기

문자열과 min, max 함수

```
s = "hello" # ①
print(max(s)) # ②
print(min(s)) # ③
```

실행결과 X

```
o
e
```

코드 해설

① s 문자열에 "hello"를 저장합니다.

② 문자열 "hello"에서 문자를 사전순으로 나열하면 'e', 'h', 'l', 'l', 'o'가 됩니다. 그래서 가장 큰 값은 'o'이므로 o를 출력합니다.

③ 문자열 "hello"에서 사전 순서상 가장 앞에 있는 문자는 'e'이므로 e를 출력합니다.

bool 함수

bool 함수는 값을 논리형(True 또는 False)으로 변환하는 함수이다.

문자열의 경우 빈 문자열('')이면 False이고, 그 외에는 True이다.

소스코드 T03_25.py

〈/〉 코드 살펴보기

문자열과 bool 함수

```
print(bool('')) # ①
print(bool("")) # ②
print(bool("hahaha")) # ③
```

실행결과 X

```
False
False
True
```

코드 해설

① 빈 문자열은 거짓이므로 False를 출력합니다.

② 빈 문자열은 거짓이므로 False를 출력합니다.

③ 비어 있지 않은 문자열은 참이므로 True를 출력합니다.

문자열 함수

count 함수

count 함수는 문자열에서 해당되는 문자열의 개수를 세는 함수이다.

```
str.count(sub, start, end)
```

인자	필수/선택	설명
sub	필수	문자열 내에서 찾고자 하는 문자열
start	선택	• 검색을 시작할 인덱스 • 이 값이 주어지지 않으면 문자열의 처음부터 검색
end	선택	• 검색을 끝낼 인덱스 • 이 값이 주어지지 않으면 문자열의 끝까지 검색

str은 개수를 세고 싶은 대상 문자열을 나타낸다.

> **Tip** count 함수에서 사용하는 문자와 문자열은 대소문자를 구분합니다.

</> 코드 살펴보기
소스코드 **T03_26.py**

문자열과 count 함수

```
x = "hahaha" # ①
print(x.count("h")) # ②
print("hahaha".count("h")) # ③
print("hahaha".count("h", 1, 5)) # ④
print(x.count("ah")) # ⑤
```

```
⟨⁄⟩ 실행결과                              ✕
3
3
2
2
```

코드 해설

① 변수 x에 문자열 "hahaha"를 저장합니다.

② count 함수를 이용해 x 문자열에서 "h"의 개수를 셉니다. 문자열 "hahaha"에는 "h"가 3개 포함되어 있으므로 3을 출력합니다.

③ count 함수를 이용해 "hahaha" 문자열에서 "h"의 개수를 셉니다.

④ "hahaha"에서 인덱스 1부터 5 이전까지인 4까지의 부분 문자열은 "ahah"이고, 여기에서 "h"는 2개 포함되어 있으므로 2를 출력합니다.

⑤ count 함수를 이용해 x 문자열에서 "ah"의 개수를 셉니다. 문자열 "hahaha"에는 "ah"가 2개 포함되어 있으므로 2를 출력합니다.

upper 함수

upper 함수는 문자열의 모든 알파벳을 대문자로 변환하는 함수이다.

```
str.upper()
```

문자열과 upper 함수

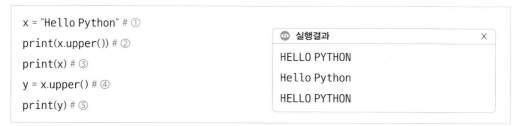

```
x = "Hello Python" # ①
print(x.upper()) # ②
print(x) # ③
y = x.upper() # ④
print(y) # ⑤
```

실행결과

```
HELLO PYTHON
Hello Python
HELLO PYTHON
```

코드 해설

① 변수 x에 문자열 "Hello Python"을 저장합니다.

② x 문자열의 모든 문자를 대문자로 변환하는 upper( ) 함수를 부릅니다. 이 함수는 원본 문자열을 변경하지 않고, 모든 소문자를 대문자로 변환한 새로운 문자열을 반환합니다. 따라서 출력결과는 "HELLO PYTHON"이 됩니다.

③ x의 현재 값을 출력합니다. upper( ) 함수를 불렀지만, x는 변경되지 않았으므로 출력결과는 여전히 "Hello Python" 입니다.

④ x 문자열을 대문자로 변환하여 변수 y에 저장합니다. y는 "HELLO PYTHON"이 됩니다.

⑤ y 문자열은 "HELLO PYTHON"이므로 HELLO PYTHON을 출력합니다.

lower 함수

lower 함수는 문자열의 모든 알파벳을 소문자로 변환하는 함수이다.

```
str.lower()
```

문자열과 lower 함수

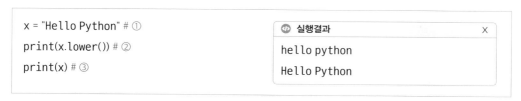

```
x = "Hello Python" # ①
print(x.lower()) # ②
print(x) # ③
```

실행결과

```
hello python
Hello Python
```

코드 해설

① 변수 x에 문자열 "Hello Python"을 저장합니다.

② lower 함수를 이용해 x 문자열의 모든 문자를 소문자로 변환합니다. 그래서 hello python을 출력합니다.

③ x의 현재 값을 출력합니다. lower() 함수를 불렀지만, x는 변경되지 않았으므로 출력결과는 여전히 "Hello Python"
입니다.

> **Tip** upper 함수와 lower 함수 사용 시 알파벳이 아닌 문자는 변경되지 않습니다.

isalnum 함수

isalnum 함수는 문자열이 알파벳 또는 숫자로만 구성되어 있으면 True, 아니면 False를 반
환하는 함수이다.

```
str.isalnum()
```

</> 코드 살펴보기
소스코드 **T03_29.py**

문자열과 isalnum 함수

```
x = "HelloPython" # ①
print(x.isalnum()) # ②
y = "Hello123" # ③
print(y.isalnum()) # ④
z = "12 3" # ⑤
print(z.isalnum()) # ⑥
```

실행결과

```
True
True
False
```

코드 해설

① 변수 x에 문자열 "HelloPython"을 저장합니다.

② isalnum 함수를 이용해 x 문자열이 알파벳과 숫자만으로 이루어져 있는지를 검사합니다. "HelloPython"은 알파
벳으로만 구성되어 있으므로 출력결과는 True가 됩니다.

③ 변수 y에 문자열 "Hello123"을 저장합니다.

④ "Hello123"은 알파벳과 숫자로만 구성되어 있으므로 출력결과는 True가 됩니다.

⑤ 변수 z에 문자열 "12 3"을 저장합니다.

⑥ "12 3"에는 공백이 포함되어 있으므로 출력결과는 False가 됩니다.

isalpha 함수

isalpha 함수는 문자열이 알파벳으로만 구성되어 있으면 True, 아니면 False를 반환하는 함수이다.

```
str.isalpha()
```

코드 살펴보기

소스코드 **T03_30.py**

문자열과 isalpha 함수

```
x = "HelloPython" # ①
print(x.isalpha()) # ②
y = "Hello123" # ③
print(y.isalpha()) # ④
z = "12 3" # ⑤
print(z.isalpha()) # ⑥
```

```
실행결과                          ✕
True
False
False
```

코드 해설

① 변수 x에 문자열 "HelloPython"을 저장합니다.

② isalnum 함수를 이용해 x 문자열이 알파벳과 숫자만으로 이루어져 있는지를 검사합니다. "HelloPython"은 알파벳으로만 구성되어 있으므로 출력결과는 True가 됩니다.

③ 변수 y에 문자열 "Hello123"을 저장합니다.

④ "Hello123"은 알파벳과 숫자로만 구성되어 있으므로 출력결과는 True가 됩니다.

⑤ 변수 z에 문자열 "12 3"을 저장합니다.

⑥ "12 3"에는 공백이 포함되어 있으므로 출력결과는 False가 됩니다.

isdigit 함수

isdigit 함수는 문자열이 숫자이면 True, 아니면 False를 반환하는 함수이다.

```
str.isdigit()
```

</> 코드 살펴보기

소스코드 T03_31.py

문자열과 isdigit 함수

```
x = "HelloPython" # ①
print(x.isdigit()) # ②
y = "12 3" # ③
print(y.isdigit()) # ④
z = "123" # ⑤
print(z.isdigit()) # ⑥
```

실행결과

```
False
False
True
```

코드 해설

① 변수 x에 문자열 "HelloPython"을 저장합니다.
② isdigit 함수를 이용해 문자열 x가 숫자(0~9)로만 이루어져 있는지 확인합니다. "HelloPython"은 숫자가 아니므로 출력결과는 False가 됩니다.
③ 변수 y에 문자열 "12 3"을 저장합니다.
④ y에는 숫자뿐만 아니라 공백이 포함되어 있으므로 출력결과는 False가 됩니다.
⑤ 변수 z에 문자열 "123"을 저장합니다.
⑥ "123"은 숫자로만 이루어져 있으므로 출력결과는 True가 됩니다.

find 함수

find 함수는 문자열에서 특정 문자열(또는 문자)의 시작 위치(인덱스)를 찾는 함수이다. 찾으려는 문자열이 여러 개면 가장 먼저 나오는 문자열의 시작 위치를 반환하고, 찾으려는 문자열이 없으면 −1을 반환한다.

```
str.find(sub, start, end)
```

매개변수	필수/선택	설명
sub	필수	문자열 내에서 찾고자 하는 문자열
start	선택	• 검색을 시작할 인덱스 • 이 값이 주어지지 않으면 문자열의 처음부터 검색
end	선택	• 검색을 끝낼 인덱스 • 이 값이 주어지지 않으면 문자열의 끝까지 검색

</> 코드 살펴보기   소스코드 T03_32.py

문자열과 find 함수

```
x = "hahaha" # ①
print(x.find("h")) # ②
print(x.find("h", 1, 5)) # ③
print(x.find("ah")) # ④
print(x.find("World")) # ⑤
```

실행결과
```
0
2
1
-1
```

코드 해설

① 변수 x에 문자열 "hahaha"를 저장합니다.

x[0]	x[1]	x[2]	x[3]	x[4]	x[5]
h	a	h	a	h	a

② find 함수를 이용해 x 문자열에서 "h"의 위치를 찾습니다. "h"는 인덱스를 기준으로 0, 2, 4에 있는데, 가장 앞의 인덱스는 0이므로 0을 반환합니다.

③ x = "hahaha"에서 인덱스 1부터 5 이전까지인 4까지의 부분 문자열은 "ahah"입니다. 이 범위에서 "h"는 인덱스 2에서 처음 등장하므로 2를 출력합니다.

④ find 함수를 이용해 x 문자열에서 "ah"의 위치를 찾습니다. "ah"의 시작 인덱스는 1, 3에 있는데, 가장 앞의 인덱스는 1이므로 1을 반환합니다.

⑤ find 함수를 이용해 x 문자열에서 "World"의 위치를 찾습니다. 문자열 "hahaha"에는 "World"가 포함되어 있지 않으므로 −1을 출력합니다.

split 함수

split 함수는 문자열을 매개변수로 전달된 문자인 구분자(기본값은 공백)를 기준으로 나누어 리스트로 변환하는 함수이다.

```
str.split(sep, maxsplit)
```

인자	필수/선택	설명
sep	선택	• 문자열을 나눌 구분자 • 이 값을 지정하지 않으면 공백을 기준으로 문자열을 나눔
maxsplit	선택	• 문자열을 나눌 최대 횟수를 지정 • 기본값은 −1로, 이 경우 제한 없이 문자열을 나눔

> **Tip** split 함수는 문자열을 여러 부분으로 분리해야 할 때 유용하게 사용할 수 있습니다.

</> 코드 살펴보기

소스코드 T03_33.py

문자열과 split 함수

```python
x = "Hello Python World" # ①
print(x.split()) # ②
print(x) # ③
x = x.split() # ④
print(x) # ⑤
y = "aaa,bbb,ccc" # ⑥
y = y.split(",") # ⑦
print(y) # ⑧
z = "aaa,bbb,ccc" # ⑨
print(z.split(",", 1)) # ⑩
```

실행결과

```
['Hello', 'Python', 'World']
Hello Python World
['Hello', 'Python', 'World']
['aaa', 'bbb', 'ccc']
['aaa', 'bbb,ccc']
```

코드 해설

① 변수 x에 문자열 "Hello Python World"를 저장합니다.

② split 함수는 기본적으로 공백(스페이스)을 기준으로 문자열을 나눕니다. 따라서 "Hello Python World"는 공백을 기준으로 나누어 세 개의 문자열로 분리되고, 이들은 리스트로 반환됩니다.

③ x를 그대로 출력합니다. split 함수는 원본 문자열을 수정하지 않기 때문에 여전히 "Hello Python World"가 출력됩니다.

④ split() 함수의 결과를 다시 변수 x에 저장합니다. 이제 x는 문자열이 아닌, 공백을 기준으로 나누어진 문자열들의 리스트가 됩니다.

⑤ 변수 x의 값을 출력합니다. 이제 x는 리스트이므로, 그 결과는 세 개의 단어로 나누어진 리스트 형태로 출력됩니다.

⑥ 변수 y에 문자열 "aaa,bbb,ccc"를 저장합니다.

⑦ split(",")는 쉼표(,)를 기준으로 문자열을 나눕니다. "aaa,bbb,ccc"는 쉼표를 기준으로 세 개의 단어로 분리되며, 그 결과는 리스트인 ['aaa', 'bbb', 'ccc']로 반환됩니다. y는 리스트가 됩니다.

⑧ 변수 y의 값인 ['aaa', 'bbb', 'ccc']를 출력합니다.

⑨ 변수 z에 문자열 "aaa,bbb,ccc"를 저장합니다.

⑩ 쉼표(,)를 기준으로 문자열을 나누되, 최대 한 번만 분리하도록 설정합니다. 따라서 "aaa,bbb,ccc"는 첫 번째 쉼표에서만 분리되며, 그 결과는 리스트인 ['aaa', 'bbb,ccc']로 반환됩니다.

> **Tip** 문자열을 분리하면 리스트로 분리됩니다. 리스트는 바로 뒤에 다루니 그때 확인해 보세요.

strip/lstrip/rstrip 함수

strip 함수는 문자열의 양쪽 끝에서 특정 문자(기본값은 공백)를 제거하는 함수이다. 문자열의 앞뒤에 불필요한 공백이나 문자를 제거할 때 사용할 수 있다.

```
str.strip(chars)
```

인자	필수/선택	설명
chars	선택	• 제거하려는 특정 문자열 • 값이 주어지지 않으면 문자열 양쪽의 공백이 제거됨

문자열과 strip 함수

```
x = " Hello Python " # ①
x = x.strip() # ②
print(x) # ③
y = "!!Hello Python!!" # ④
y = y.strip("!") # ⑤
print(y) # ⑥
```

</> **실행결과**   ✕

```
Hello Python
Hello Python
```

코드 해설

① 변수 x에 문자열 " Hello Python "을 저장합니다.

② strip 함수는 문자열의 양쪽에 있는 공백을 제거합니다. 여기서는 문자열 " Hello Python "의 앞뒤 공백을 제거하여 "Hello Python"으로 변경됩니다.

③ 변수 x의 값을 출력합니다. 앞뒤의 공백이 제거된 문자열 "Hello Python"이 출력됩니다.

④ 변수 y에 앞뒤에 느낌표(!)가 포함된 문자열 "!!Hello Python!!"을 저장합니다

⑤ strip("!") 함수는 문자열 양쪽에 있는 느낌표(!)를 제거합니다. "!!Hello Python!!"에서 앞뒤의 느낌표가 제거되어 "Hello Python"으로 변경되고, 변경된 문자열을 y 변수에 저장합니다.

⑥ 변수 y의 값을 출력합니다. 앞뒤의 느낌표가 제거된 문자열 "Hello Python"이 출력됩니다.

lstrip 함수는 문자열의 왼쪽 끝에 있는 공백이나 특정 문자를 제거하는 함수이다. 문자열의 오른쪽은 그대로 유지된다.

```
str.lstrip(chars)
```

rstrip 함수는 문자열의 오른쪽 끝에 있는 공백이나 특정 문자를 제거하는 함수이다. 문자열의 왼쪽은 그대로 유지된다.

```
str.rstrip(chars)
```

인자	필수/선택	설명
chars	선택	• 제거하려는 특정 문자열 • 값이 주어지지 않으면 문자열 왼쪽 또는 오른쪽의 공백이 제거됨

</> 코드 살펴보기

소스코드 T03_35.py

문자열과 lstrip, rstrip 함수

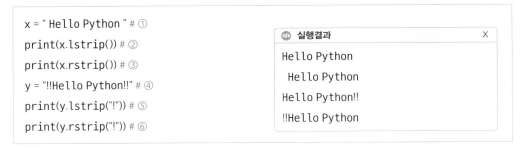

```
x = " Hello Python " # ①
print(x.lstrip()) # ②
print(x.rstrip()) # ③
y = "!!Hello Python!!" # ④
print(y.lstrip("!")) # ⑤
print(y.rstrip("!")) # ⑥
```

실행결과 ✕

```
Hello Python
 Hello Python
Hello Python!!
!!Hello Python
```

코드 해설

① 변수 x에 앞뒤에 공백이 포함된 문자열 " Hello Python "을 저장합니다.

② lstrip 함수는 문자열의 왼쪽 공백을 제거합니다. " Hello Python "에서 왼쪽의 공백이 제거되어 "Hello Python " 이 출력됩니다.

③ rstrip() 함수는 문자열의 오른쪽 공백을 제거합니다. " Hello Python "에서 오른쪽의 공백이 제거되어 " Hello Python"이 출력됩니다.

④ 변수 y에 앞뒤에 느낌표(!)가 포함된 문자열 "!!Hello Python!!"을 저장합니다

⑤ lstrip("!") 함수는 문자열의 왼쪽에 있는 느낌표(!)를 제거합니다. "!!Hello Python!!"에서 왼쪽의 느낌표가 제거되어 "Hello Python!!"이 출력됩니다.

⑥ rstrip("!") 함수는 문자열의 오른쪽에 있는 느낌표(!)를 제거합니다. "!!Hello Python!!"에서 오른쪽의 느낌표가 제거되어 "!!Hello Python"이 출력됩니다.

replace 함수

replace 함수는 문자열 내에서 특정 문자열을 다른 문자열로 바꾸는 함수이다.

```
str.replace(old, new, count)
```

인자	필수/선택	설명
old	필수	변경하고자 하는 기존 문자열
new	필수	문자열을 대체할 새로운 문자열
count	선택	대체할 횟수를 지정하는 값

100

문자열과 replace 함수

```
x = "Hello Python" # ①
print(x.replace("Python", "World")) # ②
print(x) # ③
x = x.replace("Python", "World") # ④
print(x) # ⑤
y = "Hello Python Python" # ⑥
y = y.replace("Python", "World") # ⑦
print(y) # ⑧
z = "Hello Python Python" # ⑨
result = z.replace("Python", "World", 1) # ⑩
print(result) # ⑪
```

문자열은 대소문자를 구분합니다.
그래서 x.replace("python", "World")라고 하면 "python"이라는
문자열이 없으므로 아무 일도 일어나지 않습니다.

</> 실행결과   X

Hello World
Hello Python
Hello World
Hello World World
Hello World Python

코드 해설

① 변수 x에 문자열 "Hello Python"을 저장합니다.

② 문자열 x에서 "Python"을 "World"로 대체한 새로운 문자열을 반환합니다. 원본 문자열 x는 변경되지 않습니다.

③ 원본 문자열 x를 출력합니다. 앞서 replace( ) 함수는 문자열을 반환했을 뿐, 원본 x를 변경하지 않았으므로 여전히 "Hello Python"이 출력됩니다.

④ 이번에는 replace 함수의 결과를 다시 변수 x에 저장합니다. 이제 x는 "Python"이 "World"로 대체된 "Hello World"로 변경됩니다.

⑤ 변수 x의 값을 출력합니다. "Hello Python"이 "Hello World"로 대체되었기 때문에 출력결과는 "Hello World"가 됩니다.

⑥ 변수 y에 "Python"이 두 번 포함된 문자열 "Hello Python Python"을 저장합니다.

⑦ 문자열 y에서 "Python"이라는 모든 부분을 "World"로 대체합니다. 이 결과는 "Hello World World"가 됩니다.

⑧ 변수 y의 값인 "Hello World World"를 출력합니다.

⑨ 변수 z에 문자열 "Hello Python Python"을 저장합니다.

⑩ "Python"을 "World"로 대체하되, 왼쪽에서부터 첫 번째 "Python"만 대체합니다. 두 번째 "Python"은 그대로 남습니다.

⑪ result의 값을 출력합니다. 첫 번째 "Python"만 "World"로 대체된 결과인 "Hello World Python"이 출력됩니다.

3.2 리스트

영상 보러가기

리스트 개념

리스트(List)는 크기가 가변적으로 변하는 선형 리스트의 성질을 가지고 있는 자료형이다.

리스트 생성

[,]를 이용하여 리스트를 생성하거나 list( )를 이용하여 리스트를 생성한다.

```
리스트명 = [요소1, 요소2, …]
```

```
리스트명 = list((요소1, 요소2, …))
```

</> 코드 살펴보기

소스코드 **T03_37.py**

리스트를 생성하고 출력

```
a = [1, 2, 3, True, False, 'ABC', 'DEF'] # ①
print(a) # ②
b = list((1, 2, 3, True, False, 'ABC', 'DEF')) # ③
print(b) # ④
```

실행결과   ✕

[1, 2, 3, True, False, 'ABC', 'DEF']

[1, 2, 3, True, False, 'ABC', 'DEF']

코드 해설

① 변수 a는 [1, 2, 3, True, False, 'ABC', 'DEF']라는 리스트를 저장합니다.

② 앞서 선언한 리스트 a를 출력합니다.

③ (1, 2, 3, True, False, 'ABC', 'DEF')는 튜플로 정의된 값입니다. 이 튜플을 list( ) 함수에 넣어 리스트로 변환합니다.

④ 리스트 b를 출력합니다.

Tip   리스트의 요소들은 숫자형, 논리형, 문자열 모두 가능합니다.

리스트 인덱싱

인덱싱은 리스트에서 특정 요소에 접근하는 방법이다.

리스트가 n개의 값을 가질 때 인덱스는 다음과 같다.

첫 번째 요소	두 번째 요소	…	뒤에서 두 번째 요소	뒤에서 첫 번째 요소
0	1	…	(n−2)	(n−1)
−n	−(n−1)	…	−2	−1

</> 코드 살펴보기 소스코드 T03_38.py

리스트의 특정 요소의 값을 출력

```
a = [10, 20, 30, 40, 50] # ①
print(a[0], a[1], a[2], a[3], a[4]) # ②
print(a[-5], a[-4], a[-3], a[-2], a[-1]) # ③
```

```
실행결과                                    ✕
10 20 30 40 50
10 20 30 40 50
```

코드 해설

① a 변수에 리스트 [10, 20, 30, 40, 50]을 저장합니다.

a[0], a[-5]	a[1], a[-4]	a[2], a[-3]	a[3], a[-2]	a[4], a[-1]
10	20	30	40	50

② a 변수에 저장되어 있는 a[0]부터 a[4]까지 값을 차례대로 출력합니다.

③ a[−5]부터 a[−1]까지 값을 차례대로 출력합니다.

리스트 슬라이싱(순방향)

리스트 슬라이싱은 리스트의 일부분을 잘라내어 추출하는 기능이다.

```
list[start : stop : step]
```

start는 슬라이싱이 시작되는 인덱스이고, stop은 슬라이싱이 끝나는 인덱스이고, step은 몇 칸씩 건너뛸지에 대한 값이다.

start 인덱스를 생략하면 0번지부터 슬라이싱하고, stop 인덱스를 생략하면 리스트의 끝까지 슬라이싱한다. step을 생략하면 기본적으로 1씩 증가하며 슬라이싱한다.

리스트 슬라이싱(1)

```
a = [10, 20, 30, 40, 50, 60, 70, 80, 90] # ①
print(a[1:8:2]) # ②
print(a[1:8: ]) # ③
print(a[1: :2]) # ④
print(a[1: : ]) # ⑤
print(a[:8:2]) # ⑥
print(a[:8: ]) # ⑦
print(a[: :2]) # ⑧
print(a[: : ]) # ⑨
```

```
</> 실행결과                          ✕
[20, 40, 60, 80]
[20, 30, 40, 50, 60, 70, 80]
[20, 40, 60, 80]
[20, 30, 40, 50, 60, 70, 80, 90]
[10, 30, 50, 70]
[10, 20, 30, 40, 50, 60, 70, 80]
[10, 30, 50, 70, 90]
[10, 20, 30, 40, 50, 60, 70, 80, 90]
```

코드 해설

① a 변수에 [10, 20, 30, 40, 50, 60, 70, 80, 90]을 저장합니다.

a[0]	a[1]	a[2]	a[3]	a[4]	a[5]	a[6]	a[7]	a[8]
10	20	30	40	50	60	70	80	90

② 인덱스 1부터 8 이전인 7까지, 2칸씩 건너뛰며 슬라이싱합니다. 인덱스 1은 20, 인덱스 3은 40, 인덱스 5는 60, 인덱스 7은 80이므로, 출력결과는 [20, 40, 60, 80]입니다.

③ 인덱스 1부터 8 이전인 7까지, step을 생략했으므로 1칸씩 슬라이싱합니다. 인덱스 1은 20, 인덱스 2는 30, 인덱스 3은 40, 인덱스 4는 50, 인덱스 5는 60, 인덱스 6은 70, 인덱스 7은 80이므로, 출력결과는 [20, 30, 40, 50, 60, 70, 80]입니다.

④ 인덱스 1부터 끝까지, 2칸씩 건너뛰며 슬라이싱합니다. 인덱스 1은 20, 인덱스 3은 40, 인덱스 5는 60, 인덱스 7은 80이므로, 출력결과는 [20, 40, 60, 80]입니다.

⑤ 인덱스 1부터 끝까지, step을 생략했으므로 1칸씩 슬라이싱합니다. 인덱스 1부터 리스트 끝까지 순차적으로 추출하므로, 출력결과는 [20, 30, 40, 50, 60, 70, 80, 90]입니다.

⑥ 인덱스 0부터 7까지, 2칸씩 건너뛰며 슬라이싱합니다. 인덱스 0은 10, 인덱스 2는 30, 인덱스 4는 50, 인덱스 6은 70이므로, 출력결과는 [10, 30, 50, 70]입니다.

⑦ 인덱스 0부터 7까지, step을 생략했으므로 1칸씩 슬라이싱합니다. 인덱스 0부터 7까지 순차적으로 추출하므로, 출력결과는 [10, 20, 30, 40, 50, 60, 70, 80]입니다.

⑧ 인덱스 0부터 끝까지, 2칸씩 건너뛰며 슬라이싱합니다. 인덱스 0은 10, 인덱스 2는 30, 인덱스 4는 50, 인덱스 6은 70, 인덱스 8은 90이므로, 출력결과는 [10, 30, 50, 70, 90]입니다.

⑨ 인덱스 0부터 끝까지, step을 생략했으므로 1칸씩 슬라이싱합니다. 전체 리스트를 그대로 출력합니다.

리스트 슬라이싱(역방향)

```
list[start : stop : step]
```

start는 슬라이싱이 시작되는 인덱스이고, stop은 슬라이싱이 끝나는 인덱스이고, step은 몇 칸씩 건너뛸지에 대한 값이다.

step 값이 음수일 경우, start 인덱스를 생략하면 리스트의 마지막 인덱스부터 슬라이싱하고, stop 인덱스를 생략하면 리스트의 0번 인덱스까지 슬라이싱된다.

</> 코드 살펴보기 <small>소스코드 T03_40.py</small>

리스트 슬라이싱(2)

```
a = [10, 20, 30, 40, 50, 60, 70, 80, 90] # ①
print(a[-2:-5:-1]) # ②
print(a[-2: :-1]) # ③
print(a[ :-5:-1]) # ④
print(a[ : : -1]) # ⑤
```

실행결과 ✕

```
[80, 70, 60]
[80, 70, 60, 50, 40, 30, 20, 10]
[90, 80, 70, 60]
[90, 80, 70, 60, 50, 40, 30, 20, 10]
```

코드 해설

① a 변수에 [10, 20, 30, 40, 50, 60, 70, 80, 90]을 저장합니다.

a[-9]	a[-8]	a[-7]	a[-6]	a[-5]	a[-4]	a[-3]	a[-2]	a[-1]
10	20	30	40	50	60	70	80	90

② 인덱스 −2부터 −5 이전인 −4까지 역순으로, 뒤에서 앞으로 한 글자씩 슬라이싱합니다. 인덱스 −2는 80, −3은 70, −4는 60이므로, 출력결과는 [80, 70, 60]입니다.

③ 인덱스 −2부터 문자열의 처음까지 역순으로 한 글자씩 슬라이싱합니다. 인덱스 −2인 80부터 인덱스 −9인 10까지 모두 추출되므로, 출력결과는 [80, 70, 60, 50, 40, 30, 20, 10]입니다.

④ 인덱스 −1부터 −5 이전인 −4까지, 문자열 끝에서 인덱스가 −4까지 역순으로 슬라이싱합니다. 인덱스 −1은 90, −2는 80, −3은 70, −4는 60이므로, 출력결과는 [90, 80, 70, 60]입니다.

⑤ 문자열 전체를 역순으로 슬라이싱합니다. 인덱스 −1부터 시작해서 인덱스 −9까지 값을 역순으로 추출하므로, 출력결과는 [90, 80, 70, 60, 50, 40, 30, 20, 10]입니다.

리스트 수정

리스트 값 1개 수정

리스트에서 특정 요소를 수정하는 방법은 해당 요소의 인덱스를 이용하여 새로운 값을 할당하는 방식으로 이루어진다.

```
list[index] = value
```

index는 바꾸려는 요소의 위치이고, value는 그 자리에 들어갈 새로운 값이다.

</> 코드 살펴보기   소스코드 T03_41.py

리스트 값 수정(1)

```
a = [1, 2, 3, 4, 5] # ①
a[1] = 9 # ②
print(a) # ③
```

실행결과   X

[1, 9, 3, 4, 5]

코드 해설

① a 변수에 리스트 [1, 2, 3, 4, 5]를 저장합니다.

a[0]	a[1]	a[2]	a[3]	a[4]
1	2	3	4	5

② a[1]의 값을 9로 수정합니다.

a[0]	a[1]	a[2]	a[3]	a[4]
1	9	3	4	5

③ a 변수를 출력하면 [1, 9, 3, 4, 5]가 출력됩니다.

리스트 값 여러 개 수정

리스트 값 여러 개 수정은 슬라이싱을 사용하여 리스트의 여러 요소를 한 번에 수정하는 방법이다.

```
list[start:end] = new_values
```

list의 start 인덱스부터 end 이전 인덱스까지의 값을 new_values라는 리스트로 대체한다.

슬라이싱된 요소와 동일한 개수의 요소를 수정할 수도 있고, 슬라이싱된 요소보다 더 많은 개수의 요소들로 수정할 수 있다.

소스코드 **T03_42.py**

</> 코드 살펴보기

리스트 값 수정(2)

```
a = [1, 2, 3, 4, 5] # ①
a[1:4] = [6, 7, 8] # ②
print(a) # ③
a[1:3] = [2, 3, 4, 5] # ④
print(a) # ⑤
```

⟨/⟩ 실행결과   ✕

[1, 6, 7, 8, 5]

[1, 2, 3, 4, 5, 8, 5]

코드 해설

① a 변수에 리스트 [1, 2, 3, 4, 5]를 저장합니다.

a[0]	a[1]	a[2]	a[3]	a[4]
1	2	3	4	5

② 1번지부터 4번지 이전인 3번지까지의 리스트 값을 새로운 리스트인 [6, 7, 8]로 수정합니다.

a[0]	a[1]	a[2]	a[3]	a[4]
1	6	7	8	5

③ a 변수를 출력하면 [1, 6, 7, 8, 5]가 출력됩니다.

④ 1번지부터 3번지 이전인 2번지까지의 2개의 리스트 값을 4개의 리스트 값을 가지고 있는 [2, 3, 4, 5]로 수정합니다.

a[0]	a[1]	a[2]	a[3]	a[4]
1	6	7	8	5

↓

a[0]	a[1]	a[2]	a[3]	a[4]	a[5]	a[6]
1	2	3	4	5	8	5

⑤ a 변수를 출력하면 [1, 2, 3, 4, 5, 8, 5]가 출력됩니다.

리스트 삭제

리스트 값 1개 삭제

리스트에서 특정 요소를 삭제하는 방법은 해당 요소의 인덱스를 이용하여 삭제하는 방식으로 이루어진다.

```
del list[index]
```
└─ list의 index 위치에 있는 요소를 삭제합니다.

리스트 값 삭제(1)

```
a = [1, 2, 3, 4, 5] # ①
del a[1] # ②
print(a) # ③
```

⟨/⟩ 실행결과 ☓
[1, 3, 4, 5]

코드 해설

① a 변수에 리스트 [1, 2, 3, 4, 5]를 저장합니다.

a[0]	a[1]	a[2]	a[3]	a[4]
1	2	3	4	5

② a[1]의 요소인 2를 삭제합니다.

a[0]	a[1]	a[1]	a[2]	a[3]
1	2	3	4	5

③ a 변수를 출력하면 [1, 3, 4, 5]가 출력됩니다.

리스트 값 여러 개 삭제

리스트 값 여러 개 삭제는 슬라이싱을 사용하여 리스트의 여러 요소를 한 번에 삭제하는 방법이다.

```
del list[start:end]
```
└─ list의 start 인덱스부터 end 이전 인덱스까지의 값을 삭제합니다.

리스트 값 삭제(2)

```
a = [1, 2, 3, 4, 5] # ①
del a[1:4] # ②
print(a) # ③
```

⟨/⟩ 실행결과 ☓
[1, 5]

코드 해설

① a 변수에 리스트 [1, 2, 3, 4, 5]를 저장합니다.

a[0]	a[1]	a[2]	a[3]	a[4]
1	2	3	4	5

② 인덱스 1부터 4 이전까지의 요소인 a[1], a[2], a[3]이 리스트에서 삭제됩니다.

a[0]	a[1]	a[2]	a[3]	a[4] → a[1]
1	2	3	4	5

③ a 변수를 출력하면 [1, 5]가 출력됩니다.

리스트와 함께 사용하는 연산자

숫자 연산자

리스트를 연결하거나 반복하는 연산자이다.

리스트를 연결할 때는 + 연산자를, 리스트를 반복할 때는 * 연산자를 사용한다.

연산자	설명
+	리스트 연결 연산자
*	리스트 반복 연산자

‹/› 코드 살펴보기   소스코드 T03_45.py

리스트와 숫자 연산자

```
a = [10, 20, 30, 40] # ①
b = ['ab', 'cd', 'ef', 'gh'] # ②
print(a+b) # ③
print(a*3) # ④
```

실행결과   X

```
[10, 20, 30, 40, 'ab', 'cd', 'ef', 'gh']
[10, 20, 30, 40, 10, 20, 30, 40, 10, 20, 30, 40]
```

코드 해설

① a 변수에 리스트 [10, 20, 30, 40]을 저장합니다.
② b 변수에 리스트 ['ab', 'cd', 'ef', 'gh']를 저장합니다.
③ a와 b 변수의 리스트를 결합하여 하나의 리스트로 만들어 출력합니다.
④ a 변수는 [10, 20, 30, 40]이므로 리스트 요소를 3번 반복하여 출력합니다.

비교 연산자

비교 연산자는 두 리스트가 같은지 다른지를 비교하는 연산자이다.

연산자	설명
==	두 리스트가 같은지 비교하는 연산자
!=	두 리스트가 다른지 비교하는 연산자
〈	왼쪽 리스트가 오른쪽 리스트보다 작은지 비교하는 연산자
〉	왼쪽 리스트가 오른쪽 리스트보다 큰지 비교하는 연산자
〈=	왼쪽 리스트가 오른쪽 리스트보다 작거나 같은지 비교하는 연산자
〉=	왼쪽 리스트가 오른쪽 리스트보다 크거나 같은지 비교하는 연산자

리스트의 0번 인덱스 요소부터 차례대로 비교하여, 다른 요소가 나타날 때를 기준으로 값을 비교한다.

</> 코드 살펴보기

소스코드 T03_46.py

리스트와 비교 연산자

```python
a = [1, 2, 3] # ①
b = [1, 2, 4] # ②
print(a == b) # ③
print(a != b) # ④
print(a < b) # ⑤
print(a <= b) # ⑥
```

실행결과
```
False
True
True
True
```

코드 해설

① a 변수에 리스트 [1, 2, 3]을 저장합니다.
② b 변수에 리스트 [1, 2, 4]를 저장합니다.
③ a[0] == b[0], a[1] == b[1]이지만, a[2] != b[2]이므로 두 리스트는 같지 않아 False를 출력합니다.
④ a[0] == b[0], a[1] == b[1]이지만, a[2] != b[2]이므로 두 리스트는 같지 않아 True를 출력합니다.
⑤ 리스트의 크기 비교는 사전 순서로 비교를 사용하는데, a[2] 〈 b[2]이므로 a 변수의 리스트가 b 변수의 리스트보다 작아 True를 출력합니다.
⑥ a[2] 〈= b[2]이므로 a 변수의 리스트가 b 변수의 리스트보다 작거나 같아 True를 출력합니다.

대입 연산자/복합 대입 연산자

대입 연산자는 변수에 값을 저장하는 연산자이다.

연산자	내용
=	왼쪽의 변수에 오른쪽의 리스트를 대입하는 연산자
+=	왼쪽의 변수에 오른쪽의 리스트를 덧붙이는 연산자
*=	왼쪽의 변수에 오른쪽의 리스트를 반복하는 연산자

</> 코드 살펴보기

소스코드 T03_47.py

리스트와 대입 연산자

```
a = [10, 20, 30] # ①
b = [15, 25, 35] # ②
a += b # ③
print(a)
a *= 2 # ④
print(a)
```

실행결과 X

```
[10, 20, 30, 15, 25, 35]
[10, 20, 30, 15, 25, 35, 10, 20, 30, 15, 25, 35]
```

코드 해설

① a 변수에 리스트 [10, 20, 30]을 저장합니다.
② b 변수에 리스트 [15, 25, 35]를 저장합니다.
③ a += b는 a 변수에 b 변수의 리스트를 덧붙이는 연산을 수행하므로, a는 [10, 20, 30, 15, 25, 35]가 됩니다.
④ a 변수는 [10, 20, 30, 15, 25, 35]이므로, 2번 반복하면 [10, 20, 30, 15, 25, 35, 10, 20, 30, 15, 25, 35]가 되어
   a 변수는 [10, 20, 30, 15, 25, 35, 10, 20, 30, 15, 25, 35]가 됩니다.

in 연산자

in 연산자는 주어진 값이 특정 리스트에 포함되어 있는지를 확인하는 연산자이다.

```
값 in 리스트
```

코드 살펴보기

소스코드 T03_48.py

리스트와 in 연산자

```
a = [10, 20, 30] # ①
print(10 in a) # ②
print(15 in a) # ③
print(10 not in a) # ④
print(15 not in a) # ⑤
```

실행결과　×
```
True
False
False
True
```

코드 해설

① a 변수에 리스트 [10, 20, 30]을 저장합니다.
② 10이 리스트 a에 포함되어 있으므로 True를 출력합니다.
③ 15가 리스트 a에 포함되어 있지 않으므로 False를 출력합니다.
④ 10이 리스트 a에 포함되어 있으므로 False를 출력합니다.
⑤ 15가 리스트 a에 포함되어 있지 않으므로 True를 출력합니다.

> Tip 리스트는 in 연산자와 같이 사용되는 경우가 많습니다. 특히 나중에 다룰 반복문 등에서 많이 사용됩니다.

리스트와 함께 사용하는 내장 함수

len 함수

len 함수는 리스트 내의 요소의 개수를 알려주는 함수이다.

코드 살펴보기

소스코드 T03_49.py

리스트와 len 함수

```
a = [10, 30, 20, 50, 40] # ①
print(len(a)) # ②
```

실행결과　×
```
5
```

코드 해설

① a 변수에서 리스트 [10, 30, 20, 50, 40]을 저장합니다.
② a는 요소가 5개이므로 5를 출력합니다.

min 함수/max 함수

min 함수는 리스트에서 가장 작은 값을 알려주는 함수이다.

max 함수는 리스트에서 가장 큰 값을 알려주는 함수이다.

</> 코드 살펴보기
소스코드 T03_50.py

리스트와 min, max 함수

```
a = [10, 30, 20, 50, 40] # ①
print(max(a)) # ②
print(min(a)) # ③
```

⬤ 실행결과 ✕

```
50
10
```

코드 해설

① a 변수에서 리스트 [10, 30, 20, 50, 40]을 저장합니다.
② a 변수에서 가장 큰 값은 50이므로 50을 출력합니다.
③ a 변수에서 가장 작은 값은 10이므로 10을 출력합니다.

bool 함수

bool 함수는 값을 논리형(True 또는 False)으로 변환하는 함수이다.

리스트의 경우 빈 리스트([])이면 False이고, 그 외에는 True이다.

</> 코드 살펴보기
소스코드 T03_51.py

리스트와 bool 함수

```
print(bool([])) # ①
print(bool([1, 2])) # ②
```

⬤ 실행결과 ✕

```
False
True
```

코드 해설

① 빈 리스트는 거짓이므로 False를 출력합니다.
② 비어 있지 않은 리스트는 참이므로 True를 출력합니다.

리스트 함수

count 함수

count 함수는 리스트 내의 특정 값의 개수를 알려주는 함수이다.

```
list.count(value)
```

인자	필수/선택	설명
value	필수	• 리스트에서 검색할 요소 • 해당 요소가 리스트에서 몇 번 등장하는지를 계산

📄 코드 살펴보기　　　　　　　　　　　　　소스코드 T03_52.py

리스트와 count 함수

```
a = [10, 20, 30, 10, 20, 30] # ①
print(a.count(10)) # ②
print(a.count(5)) # ③
```

⏺ 실행결과	X
2	
0	

코드 해설

① a 변수에 리스트 [10, 20, 30, 10, 20, 30]을 저장합니다.
② 리스트 a에서 10이 2번 나타나므로 2를 출력합니다.
③ 리스트 a에서 5가 한 번도 나타나지 않으므로 0을 출력합니다.

index 함수

index 함수는 해당 요소가 처음으로 등장하는 인덱스 번호를 알려주는 함수이다.

```
list.index(value, start, end)
```

인자	필수/선택	설명
value	필수	• 리스트에서 검색할 요소 • 해당 값이 처음으로 나타나는 인덱스를 반환
start	선택	검색을 시작할 인덱스
end	선택	검색을 종료할 인덱스

코드 살펴보기

소스코드 T03_53.py

리스트와 index 함수

```python
a = [10, 20, 30, 10, 20, 30] # ①
print(a.index(20)) # ②
print(a.index(30, 3)) # ③
```

실행결과 X

```
1
5
```

코드 해설

① a 변수에 리스트 [10, 20, 30, 10, 20, 30]을 저장합니다.

② a에서 20이 등장하는 인덱스가 1과 4인데, 처음 등장하는 인덱스가 1가 1이므로 1을 출력합니다.

③ 인덱스 3부터 검색을 시작하여 값 30이 처음 등장하는 인덱스는 5이므로 5를 출력합니다.

append 함수

append 함수는 리스트 마지막 요소 뒤에 값을 추가하는 함수이다.

```python
list.append(value)
```

인자	필수/선택	설명
value	필수	리스트의 끝에 추가할 요소

코드 살펴보기

소스코드 T03_54.py

리스트와 append 함수

```python
a = [1, 2, 3] # ①
a.append(4) # ②
print(a)
```

실행결과 X

```
[1, 2, 3, 4]
```

코드 해설

① a 변수에 리스트 [1, 2, 3]을 저장합니다.

② a 변수의 리스트 끝에 값 4를 추가하면 a는 [1, 2, 3, 4]가 됩니다.

extend 함수

extend 함수는 리스트의 끝에 다른 리스트나 튜플, 문자열을 추가하는 함수이다.

```
list.extend(value)
```

인자	필수/선택	설명
value	필수	• 리스트에 추가할 객체 • 리스트, 튜플, 문자열을 추가할 수 있음

문자열을 인자로 넣으면, 문자열의 각 문자가 개별 요소로 리스트에 추가된다.

리스트와 extend 함수

```
a = [1, 2, 3] # ①
b = [4, 5, 6] # ②
b.extend(a) # ③
print(b)
a.extend('abc') # ④
print(a)
```

실행결과 ✕

[4, 5, 6, 1, 2, 3]

[1, 2, 3, 'a', 'b', 'c']

코드 해설

① a 변수에 리스트 [1, 2, 3]을 저장합니다.
② b 변수에 리스트 [4, 5, 6]을 저장합니다.
③ 리스트 a의 모든 요소를 리스트 b의 끝에 추가하면 a의 [1, 2, 3]이 b의 끝에 추가되므로 b는 [4, 5, 6, 1, 2, 3]이
   됩니다.
④ 문자열 'abc'의 각 문자를 리스트 a의 끝에 개별적으로 추가합니다. 리스트 a는 원래 [1, 2, 3]이었고, 여기에 'a',
   'b', 'c'가 각각의 요소로 추가되어 [1, 2, 3, 'a', 'b', 'c']가 됩니다.

insert 함수

insert 함수는 리스트의 특정 위치에 요소를 삽입하는 함수이다.

```
list.insert(index, value)
```

인자	필수/선택	설명
index	필수	• 요소를 삽입할 인덱스 • 이 값이 가리키는 인덱스에 새로운 값이 들어가며, 그 뒤에 있는 요소들은 한 칸씩 뒤로 밀림
value	필수	리스트에 삽입할 값

</> 코드 살펴보기   소스코드 T03_56.py

index 함수를 이용한 코드

```
a = [10, 20, 30] # ①
a.insert(1, 15) # ②
print(a)
```

실행결과   ✕

[10, 15, 20, 30]

코드 해설

① a 변수에 리스트 [10, 20, 30]을 저장합니다.
② 인덱스 1에 15를 삽입하면 a 변수는 [10, 15, 20, 30]이 됩니다.

a[0]	a[1]	a[2]
10	20	30

↓

a[0]	a[1]	a[2]	a[3]
10	15	20	30

copy 함수

copy 함수는 리스트를 복사하는 함수이다.

```
list.copy()
```

코드 살펴보기

리스트와 copy 함수

```
a = [1, 2, 3] # ①
b = a.copy() # ②
b[0] = 10 # ③
print(a) # ④
print(b) # ⑤
```

실행결과
```
[1, 2, 3]
[10, 2, 3]
```

코드 해설

① a 변수에 리스트 [1, 2, 3]을 저장합니다.

② b 변수에 a 변수의 값을 복사합니다. 그래서 b의 값은 복사된 후 [1, 2, 3]입니다.

③ b의 인덱스 0의 값을 10으로 수정합니다.

b[0]	b[1]	b[2]
10	2	3

④ a 변수는 변경된 적이 없으므로 원래 값인 [1, 2, 3]이 출력됩니다.

⑤ b 변수는 인덱스 0의 요소가 수정된 상태인 [10, 2, 3]이 출력됩니다.

remove 함수

remove 함수는 리스트에서 첫 번째로 나타나는 특정 요소를 제거하는 함수이다.

```
list.remove(value)
```

인자	필수/선택	설명
value	필수	리스트에서 제거할 값

> **Tip** 리스트에 없는 값을 remove 함수로 삭제할 경우 오류가 발생합니다.

리스트와 remove 함수

```
a = [1, 2, 3, 2, 4] # ①
a.remove(2) # ②
print(a) # ③
```

</> 실행결과   ✕

[1, 3, 2, 4]

코드 해설

① a 변수에 리스트 [1, 2, 3, 2, 4]를 저장합니다.

② a에서 처음 등장하는 값 2를 제거하여 a는 [1, 3, 2, 4]로 변경됩니다.

a[0]	a[1]	a[2]	a[3]	a[4]
1	2	3	2	4

↓

a[0]	a[1]	a[2]	a[3]
1	3	2	4

pop 함수

pop 함수는 리스트에서 특정 인덱스에 있는 요소를 제거하고 그 값을 반환하는 함수이다.
인덱스를 지정하지 않으면 리스트의 마지막 요소를 제거하고 그 값을 반환한다.

Tip 리스트에 값이 없는 빈 리스트일 때 pop 함수를 불러오면 오류가 발생합니다.

```
list.pop(index)
```

인자	필수/선택	설명
index	선택	• 리스트에서 제거할 요소의 인덱스 • 값을 지정하지 않을 경우 리스트의 가장 뒤의 인덱스를 제거함

</> 코드 살펴보기

소스코드 T03_59.py

리스트와 pop 함수

```
a = [10, 20, 30, 40, 50] # ①
print(a.pop()) # ②
print(a) # ③
print(a.pop(1)) # ④
print(a) # ⑤
```

실행결과	X
50	
[10, 20, 30, 40]	
20	
[10, 30, 40]	

코드 해설

① a 변수에 리스트 [10, 20, 30, 40, 50]을 저장합니다.
② a는 마지막 요소인 50을 제거하고, 50을 출력합니다.
③ a는 마지막 요소 50이 제거된 상태로 [10, 20, 30, 40]이 출력됩니다.
④ a는 인덱스 1에 위치한 20을 제거하고, 20을 출력합니다.
⑤ a는 인덱스 1의 값 20이 제거된 상태로 [10, 30, 40]이 출력됩니다.

reverse 함수

reverse 함수는 리스트의 요소를 역순으로 재배열하는 함수이다.

```
list.reverse()
```

</> 코드 살펴보기

소스코드 T03_60.py

리스트와 reverse 함수

```
a = [1, 2, 3, 4, 5] # ①
a.reverse() # ②
print(a)
```

실행결과	X
[5, 4, 3, 2, 1]	

코드 해설

① a 변수에 리스트 [1, 2, 3, 4, 5]를 저장합니다.
② a의 요소를 역순으로 뒤집으므로 a는 [5, 4, 3, 2, 1]이 됩니다.

sort 함수

sort 함수는 리스트의 항목들을 기준에 따라 정렬하는 함수이다.

```
list.sort(key, reverse)
```

인자	필수/선택	설명
key	선택	• 정렬 기준을 정의하는 함수 • 기본값은 None으로 정렬 기준이 정해지지 않음
reverse	선택	• 정렬 방식(True면 내림차순, False면 오름차순) • 기본값은 False로 오름차순으로 정렬

</> 코드 살펴보기   소스코드 T03_61.py

리스트와 sort 함수

```
a = [3, 1, 4, 1, 5, 9, 2] # ①
a.sort(reverse=True) # ②
print(a)
b = ['cherry', 'banana', 'apple', 'durian'] # ③
b.sort(key=len) # ④
print(b)
```

실행결과   ✕

```
[9, 5, 4, 3, 2, 1, 1]
['apple', 'cherry', 'banana', 'durian']
```

코드 해설

① a 변수에 리스트 [3, 1, 4, 1, 5, 9, 2]를 저장합니다.

② a를 내림차순으로 정렬하면 a는 [9, 5, 4, 3, 2, 1, 1]이 됩니다.

③ b 변수에 리스트 ['cherry', 'banana', 'apple', 'durian']을 저장합니다.

④ 문자열의 길이를 기준으로 정렬합니다. b의 요소 중 가장 짧은 단어가 앞에 오고, 가장 긴 단어가 뒤에 옵니다. 정렬 후, b는 ['apple', 'cherry', 'banana', 'durian']이 됩니다. 이때 'cherry'와 'banana'는 같은 길이지만, 순서가 유지됩니다.

clear 함수

clear 함수는 리스트의 모든 요소를 제거하여 빈 리스트([])로 만드는 함수이다.

```
list.clear()
```

</> 코드 살펴보기
소스코드 T03_62.py

리스트와 clear 함수

```
a = [1, 2, 3, 4, 5] # ①
a.clear() # ②
print(a) # ③
```

실행결과   ✕

```
[]
```

코드 해설

① a 변수에 리스트 [1, 2, 3, 4, 5]를 저장합니다.
② a의 모든 요소를 제거하여 빈 리스트로 만듭니다.
③ a를 출력하면, 모든 요소가 제거된 빈 리스트 []가 출력됩니다.

다차원 리스트

리스트를 2차원 이상으로 만들 수 있고, 2차원 리스트는 [와] 사이에 [와]를 중첩하여 사용한다.

</> 코드 살펴보기
소스코드 T03_63.py

2차원 리스트

```
a = [[1, 2], [3, 4], [5, 6]] # ①
print(a) # ②
print(a[0]) # ③
print(a[1][0]) # ④
b = [[1, 2, 3], [4, 5], [6, 7, 8, 9]] # ⑤
print(b[0]) # ⑥
```

실행결과   ✕

```
[[1, 2], [3, 4], [5, 6]]

[1, 2]

3

[1, 2, 3]
```

코드 해설

① 변수 a는 2차원 리스트로, 각각 두 개의 요소를 가진 세 개의 리스트를 포함하고 있습니다. a[0]은 [1, 2], a[1]은 [3, 4], a[2]는 [5, 6]입니다.

a[0]	a[1]	a[2]
[1, 2]	[3, 4]	[5, 6]

a[0] 안에는 [0], [1] 값으로 각각 1, 2가 있고, a[1] 안에는 [0], [1] 값으로 각각 3, 4가 있고, a[2] 안에는 [0], [1] 값으로 각각 5, 6이 있습니다.

a[0]		a[1]		a[2]	
a[0][0]	a[0][1]	a[1][0]	a[1][1]	a[2][0]	a[2][1]
1	2	3	4	5	6

② a 전체를 출력합니다.

③ a[0]은 리스트 [1, 2]이므로 [1, 2]를 출력합니다.

④ a[1]은 리스트 [3, 4]를 의미합니다. a[1]에서 [0]은 3이므로 3을 출력합니다.

⑤ b 변수는 b는 2차원 리스트로, 길이가 서로 다른 세 개의 리스트를 포함하고 있습니다. b[0]은 [1, 2, 3], b[1]은 [4, 5], b[2]는 [6, 7, 8, 9]입니다.

b[0]	b[1]	b[2]
[1, 2, 3]	[4, 5]	[6, 7, 8, 9]

⑥ b[0]은 리스트 [1, 2, 3]이므로 [1, 2, 3]을 출력합니다.

3.3 튜플

▶ 영상 보러가기

튜플 개념

튜플(Tuple)은 변경할 수 없는 자료형이다.

리스트와 달리 튜플은 생성된 후에는 그 값을 변경할 수 없다.

> **Tip** 튜플은 생성할 때 대괄호([ ]) 대신 소괄호(( ))를 사용하는 것과, 튜플은 값을 한 번 생성하면 그 뒤에 수정, 삭제가 안 된다는 점을 제외하고는 거의 다 비슷합니다.

튜플 생성

1개 요소가 있는 튜플 생성

(,)를 이용하여 튜플을 생성한다.

```
튜플명 = (요소1, )
```

> **Tip** 튜플을 정의할 때 하나의 요소만 있을 경우, 쉼표(,)를 추가해야 튜플로 인식됩니다. 그렇지 않으면, 단순한 값으로 인식됩니다.

여러 개 요소가 있는 튜플 생성

(,)를 이용하여 튜플을 생성한다.

```
튜플명 = (요소1, 요소2, …)
```

코드 살펴보기   소스코드 **T03_64.py**

튜플을 생성하고 출력

```
a = (1, 2, 3, True, False, 'ABC', 'DEF') # ①
print(a) # ②
```

실행결과   ✕

(1, 2, 3, True, False, 'ABC', 'DEF')

└─ type 함수를 이용해 type(a)로 튜플을 알아낼 수도
있지만, 출력할 때 소괄호로 묶여서 출력되면
튜플이라는 것을 알 수 있습니다.

코드 해설

① 변수 a는 (1, 2, 3, True, False, 'ABC', 'DEF')라는 튜플을 저장합니다.

② 앞서 선언한 튜플 a를 출력합니다.

Tip   튜플 내의 요소들은 숫자형, 논리형, 문자열 모두 가능합니다.

┌─ 리스트의 인덱싱/슬라이싱하고 똑같습니다.

튜플 인덱싱/슬라이싱

인덱싱은 튜플에서 특정 요소에 접근하는 방법이다.

슬라이싱은 튜플에서 일부분을 잘라내어 추출하는 기능이다.

코드 살펴보기   소스코드 **T03_65.py**

튜플의 인덱싱, 슬라이싱

```
a = (10, 20, 30, 40, 50) # ①
print(a[0], a[1], a[2], a[3], a[4]) # ②
print(a[-5], a[-4], a[-3], a[-2], a[-1]) # ③
print(a[1:4:2]) # ④
```

실행결과   ✕

10 20 30 40 50

10 20 30 40 50

(20, 40)

코드 해설

① a 변수에 튜플 (10, 20, 30, 40, 50)를 저장합니다.

a[0], a[-5]	a[1], a[-4]	a[2], a[-3]	a[3], a[-2]	a[4], a[-1]
10	20	30	40	50

② a 변수에 저장되어 있는 a[0]부터 a[4]까지 값을 차례대로 출력합니다.

③ a[-5]부터 a[-1]까지 값을 차례대로 출력합니다.

④ 인덱스 1부터 4 이전인 3까지, 2칸씩 건너뛰며 슬라이싱합니다. 인덱스 1은 20, 인덱스 3은 40이므로, 출력결과
는 (20, 40)입니다.

125

01 문자열 "Python Program"에서 인덱싱을 사용해 인덱스 1번지와 인덱스 −1번지 값을 출력하는 코드를 작성해보자.

```
⟨/⟩ 실행결과                                                    ✕
y m
```

02 리스트 [10, 20, 30, 40, 50]의 첫 번째 요소와 마지막 요소를 출력하는 코드를 작성해보자.

```
⟨/⟩ 실행결과                                                    ✕
10 50
```

03 리스트 [1, 2, 3, 4, 5]를 슬라이싱하여 [2, 3, 4]를 출력하는 코드를 작성해보자.

```
⟨/⟩ 실행결과                                                    ✕
[2, 3, 4]
```

04 사용자로부터 문자열을 입력받아, 첫 번째와 마지막 글자를 제외한 나머지 글자를 출력하는 코드를 작성해보자.

[입력]

abcdefg

실행결과   X

bcdef

05 사용자로부터 문자열을 입력받아, 문자열 길이를 출력하는 코드를 작성해보자.

[입력]

abcdefg

실행결과   X

7

06 사용자로부터 문자열을 입력받아, 문자열을 대문자로 변환한 결과를 출력하는 코드를 작성해보자.

[입력]

```
abcdefg
```

> **</> 실행결과**   ✕
>
> ABCDEFG

07 사용자로부터 문자열을 2개 입력받아, 첫 번째 입력한 문자열에 두 번째 입력한 문자열이 포함되어 있으면 True, 포함되어 있지 않으면 False를 출력하는 코드를 작성해보자.

[입력]

```
입력1: abcdefg
입력2: abc
```

> **</> 실행결과**   ✕
>
> True

08 사용자로부터 문자열을 입력받아, 해당 문자열을 뒤집어서 출력하는 코드를 작성해보자.

[입력]

```
abcdefg
```

```
⟨/⟩ 실행결과                                              X
gfedcba
```

09 문자열 "Hello, World!"를 역순으로 출력하는 코드를 작성해보자.

```
⟨/⟩ 실행결과                                              X
!dlroW ,olleH
```

10 문자열 "Python is fun"에서 공백을 기준으로 나누어 리스트로 변환한 결과를 출력하시오.

```
⟨/⟩ 실행결과                                              X
['Python', 'is', 'fun']
```

11 리스트 [1, 2, 3, 4, 5]의 요소를 역순으로 정렬한 후 출력하는 코드를 작성해보자.

> ⓘ **실행결과**   ✕
>
> [5, 4, 3, 2, 1]

12 문자열을 입력받아, 문자열이 뒤집어도 같은 단어이면 True를 출력하고, 그렇지 않으면 False를 출력하는 코드를 작성해보자.

[입력]

> noon

> ⓘ **실행결과**   ✕
>
> True

13 리스트 [20, 30, 10, 70, 30]에서 최대값과 최소값을 제외한 나머지 요소들을 출력하는 코드를 작성해보자.

> ⓘ **실행결과**   ✕
>
> [20, 30, 30]

01 소스코드 Q03_01.py

```
s = "Python Program"
print(s[1], s[-1])
```

02 소스코드 Q03_02.py

```
x = [10, 20, 30, 40, 50]
print(x[0], x[-1])
```

03 소스코드 Q03_03.py

```
x = [1, 2, 3, 4, 5]
print(x[1:4])
```

04 소스코드 Q03_04.py

```
x=input("입력: ")
print(x[1:-1])
```

05 소스코드 Q03_05.py

```
x=input("입력: ")
print(len(x))
```

06 소스코드 Q03_06.py

```
x=input("입력: ")
print(x.upper())
```

07 소스코드 Q03_07.py

```python
x=input("입력1: ")
y=input("입력2: ")
print(y in x)
```

08 소스코드 Q03_08.py

```python
x=input("입력: ")
print(x[::-1])
```

09 소스코드 Q03_09.py

```python
s = "Hello, World!"
print(s[::-1])
```

10 소스코드 Q03_10.py

```python
s = "Python is fun"
print(s.split())
```

11 소스코드 Q03_11.py

```python
x = [1, 2, 3, 4, 5]
x.reverse()
print(x)
```

12 소스코드 Q03_12.py

```
x=input("입력: ")
print(x == x[::-1])
```

13 소스코드 Q03_13.py

```
x = [20, 30, 10, 70, 30]
x.remove(max(x))
x.remove(min(x))
print(x)
```

4장

비시퀀스 자료형

같은 그릇이라도 용도에 따라서 다를 수 있습니다. 마찬가지로 파이썬에서 집합의 원소들을 저장하기 위해서 집합을, 키–값 형태의 데이터를 저장하기 위해 사전을 사용합니다. 이 장에서는 비시퀀스 자료형의 정의와 사용법, 그리고 실생활에서 이를 활용하는 다양한 방법을 살펴볼 것입니다. 집합을 이용한 데이터 중복 제거, 사전을 이용한 빠른 데이터 검색 등 실무에서 자주 사용되는 비시퀀스 자료형의 특성과 장점을 꼬물이와 함께 이해해 봅시다.

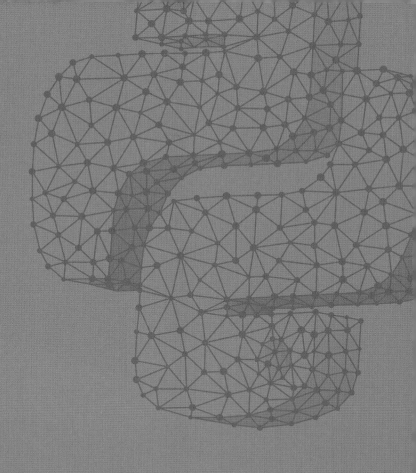

무엇을 배워볼까요?

학습목표 1: 순서가 없는 비시퀀스 자료형인 집합과 사전의 특징을 이해하고, 언제 사용하면 유용한지 알아본다.

학습목표 2: 집합의 요소 추가, 삭제, 조회를 해보고, 사전의 키와 값을 활용하여 데이터를 관리해본다.

학습목표 3: 비시퀀스 자료형의 장점을 활용하여 데이터의 중복을 제거하거나 효율적으로 검색해본다.

4.1 집합

▶ 영상 보러가기

집합 개념

집합(Set)은 중복된 요소를 허용하지 않고, 순서가 없는 자료형이다.

> **Tip**
> 프로그래밍에서 데이터를 저장하고 처리하는 방식은 다양한 자료형에 따라 달라집니다.
> 특히, 비시퀀스 자료형은 시퀀스 자료형과 달리 순서를 가지지 않으며, 효율적인 데이터 관리와 빠른 조회가 필요한 상황에서 중요한 역할을 합니다. 시퀀스 자료형이 데이터를 순차적으로 나열하는 것과 달리, 비시퀀스 자료형은 각 요소 간의 관계가 순서에 의존하지 않습니다.
> 파이썬에서 비시퀀스 자료형의 대표적인 예로는 집합(Set)과 사전(Dictionary)이 있습니다. 집합은 중복을 허용하지 않는 데이터의 집합으로, 수학적인 집합 연산을 쉽게 수행할 수 있습니다. 사전은 키와 값의 쌍으로 데이터를 저장하는 구조로, 키를 통해 빠르게 값을 조회할 수 있는 강력한 기능을 제공합니다.

집합 생성

중괄호 { }를 사용하여 생성

{, }를 이용하여 집합을 생성한다.

```
집합명 = {요소1, 요소2, …}
```

> **Tip**
> 빈 set을 생성할 때는 중괄호 {}를 사용할 수 없으며, 빈 사전인 {}로 인식됩니다. 빈 set을 생성하려면 반드시 set() 함수를 사용해야 합니다.

</> 코드 살펴보기

소스코드 **T04_01.py**

집합 생성 및 출력

```
x = {2, 4, 3, 1, 5} # ①
print(x) # ②
y = {'aaa', 'bbb', 'ccc'} # ③
print(y) # ④
```

⟨/⟩ 실행결과 ✕

```
{1, 2, 3, 4, 5}
{'aaa', 'bbb', 'ccc'}
```

type(y)와 같이 type 함수를 이용해서도 집합인 것을 확인할 수 있고, 출력결과를 보고도 집합인지 확인할 수 있습니다.

코드 해설

① x 변수에 집합 {2, 4, 3, 1, 5}를 저장합니다.

② x 변수의 값을 출력합니다. 집합은 순서가 없기 때문에 항상 정렬된 순서로 출력된다는 보장은 없습니다.

③ y 변수에 집합 {"aaa", "bbb", "ccc"}를 저장합니다.

④ y 변수의 값을 출력합니다.

set 함수를 사용하여 생성

set 함수는 리스트, 튜플 등 객체를 받아 중복되지 않는 요소들로 이루어진 집합으로 변환하는 함수이다.

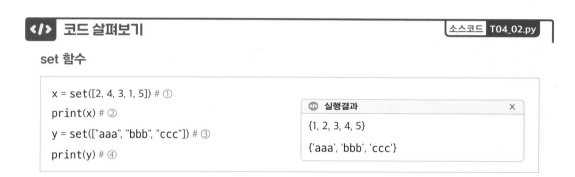

코드 해설

① x 변수에 집합 {2, 4, 3, 1, 5}를 저장합니다.

② x 변수의 값을 출력합니다.

③ y 변수에 집합 {"aaa", "bbb", "ccc"}를 저장합니다.

④ y 변수의 값을 출력합니다.

집합과 함께 사용하는 연산자

집합 연산자

집합 연산자는 수학의 집합과 유사하게 동작하는 연산자이다.

연산자	설명
|	두 집합의 모든 요소를 포함하는 집합을 만드는 연산자(합집합)
&	두 집합에 공통으로 포함된 요소들로 이루어진 집합을 만드는 연산자(교집합)
−	첫 번째 집합에는 있지만 두 번째 집합에는 없는 요소들로 이루어진 집합을 만드는 연산자(차집합)
^	두 집합 중 하나에만 속하는 요소들로 이루어진 집합을 만드는 연산자(대칭 차집합)

집합 연산자

```
x = {1, 2, 3}
y = {3, 4, 5}
print(x | y) # ①
print(x & y) # ②
print(x - y) # ③
print(x ^ y) # ④
```

⟨⟩ 실행결과	×
{1, 2, 3, 4, 5}	
{3}	
{1, 2}	
{1, 2, 4, 5}	

코드 해설

① x | y는 합집합을 구하는 연산입니다. x와 y에 있는 모든 요소가 하나의 집합으로 결합되어 출력됩니다.

② x & y는 교집합을 구하는 연산입니다. x와 y에 공통으로 포함된 값만을 출력합니다.

③ x - y는 차집합을 구하는 연산입니다. x에는 있지만 y에는 없는 값을 출력합니다.

④ x ^ y는 대칭 차집합을 구하는 연산입니다. 두 집합 중 하나에만 속하는 요소들만을 출력합니다.

부분 집합/상위 집합 연산자

부분 집합 연산자는 한 집합이 다른 집합의 모든 요소를 포함하는지 확인하는 연산자이다.

상위 집합 연산자는 다른 집합이 자신의 모든 요소를 포함하는지 확인하는 연산자이다.

연산자	설명
⟨=	부분 집합인지 확인하는 연산자
⟨	진 부분 집합인지 확인하는 연산자
⟩=	상위 집합인지 확인하는 연산자
⟩	진 상위 집합인지 확인하는 연산자

Tip

부분 집합과 진 부분 집합의 차이는 무엇일까요?
부분 집합은 주어진 집합도 부분 집합인데, 진 부분 집합은 주어진 집합과 같지 않은 부분 집합입니다.
예를 들어 A = {1, 2, 3}일 때 {1, 2, 3}은 부분 집합이지만, 진 부분 집합은 아닙니다. {1}, {1, 2}, {2, 3}과 같은 집합들은 부분 집합이기도 하고, 진 부분 집합이기도 합니다.

부분 집합/상위 집합 연산자

```
x = {1, 2}
y = {1, 2, 3}
z = {1, 2, 3}
print(x <= y) # ①
print(x < y) # ②
print(y <= z) # ③
print(y < z) # ④
```

실행결과   X
```
True
True
True
False
```

코드 해설

① x는 y의 모든 요소를 포함하므로 True가 출력됩니다.

② x는 y의 모든 요소를 포함하면서도 y와 완전히 동일하지 않으므로 True가 출력됩니다.

③ y와 z는 동일하기 때문에 True가 출력됩니다.

④ y와 z는 완전히 동일하므로 진 부분 집합이 아니며 False가 출력됩니다.

in 연산자

in 연산자는 특정 값이 집합 안에 포함되어 있는지 확인하는 연산자이다.

집합과 in 연산자

```
x = {1, 2, 3, 4}
print(1 in x) # ①
print(5 in x) # ②
print(1 not in x) # ③
print(5 not in x) # ④
```

실행결과   X
```
True
False
False
True
```

코드 해설

① 1은 사전 변수 x에 포함되어 있으므로 True를 출력합니다.

② 5는 사전 변수 x에 포함되어 있지 않으므로 False를 출력합니다.

③ 1은 사전 변수 x에 포함되어 있으므로 False를 출력합니다.

④ 5은 사전 변수 x에 포함되어 있지 않으므로 True를 출력합니다.

집합과 함께 사용하는 내장 함수

len 함수

len 함수는 집합 내의 요소의 개수를 알려주는 함수이다.

코드 살펴보기   소스코드 T04_06.py

집합과 len 함수

```
s = {1, 2, 3} # ①
print(len(s)) # ②
```

실행결과   X
```
3
```

코드 해설

① 집합 변수 s에 {1, 2, 3}을 저장합니다.
② s는 요소가 3개이므로 3을 출력합니다.

min 함수/max 함수

min 함수는 집합에서 가장 작은 값을 알려주는 함수이다.

max 함수는 집합에서 가장 큰 값을 알려주는 함수이다.

코드 살펴보기   소스코드 T04_07.py

집합과 min, max 함수

```
s = {1, 2, 3} # ①
print(max(s)) # ②
print(min(s)) # ③
```

실행결과   X
```
3
1
```

코드 해설

① 집합 변수 s에 {1, 2, 3}을 저장합니다.
② s에서 가장 큰 값은 3이므로 3을 출력합니다.
③ s에서 가장 작은 값은 1이므로 1을 출력합니다.

bool 함수

bool 함수는 값을 논리형(True 또는 False)으로 변환하는 함수이다.

집합의 경우 빈 집합(set())이면 False이고, 그 외에는 True이다.

코드 살펴보기   소스코드 T04_08.py

집합과 bool 함수

```
print(bool(set())) # ①
print(bool({1, 2})) # ②
```

실행결과   X
```
False
True
```

코드 해설

① 빈 집합은 거짓이므로 False를 출력합니다.
② 비어 있지 않은 집합은 참이므로 True를 출력합니다.

집합 함수

집합 함수

집합 함수는 수학의 집합과 유사하게 동작하는 함수이다.

함수	설명
union	두 집합의 모든 요소를 포함하는 집합을 만드는 함수(합집합)
intersection	두 집합에 공통으로 포함된 요소들로 이루어진 집합을 만드는 함수(교집합)
difference	첫 번째 집합에는 있지만 두 번째 집합에는 없는 요소들로 이루어진 집합을 만드는 함수(차집합)
symmetric_difference	두 집합 중 하나에만 속하는 요소들로 이루어진 집합을 만드는 함수(대칭 차집합)

집합 함수

```python
x = {1, 2, 3}
y = {3, 4, 5}
print(x.union(y)) # ①
print(x.intersection(y)) # ②
print(x.difference(y)) # ③
print(x.symmetric_difference(y)) # ④
```

실행결과   X

```
{1, 2, 3, 4, 5}
{3}
{1, 2}
{1, 2, 4, 5}
```

코드 해설

① x와 y에 있는 모든 요소를 결합한 집합을 출력합니다.

② x와 y에 모두 공통으로 포함된 요소만을 추출한 집합을 출력합니다.

③ x에 포함된 요소 중에서 y에는 없는 요소만을 추출한 집합을 출력합니다.

④ x, y 중 하나에만 속하는 요소만을 추출한 집합을 출력합니다.

부분 집합/상위 집합 함수

부분 집합 함수는 한 집합이 다른 집합의 모든 요소를 포함하는지 확인하는 함수이다.

상위 집합 함수는 다른 집합이 자신의 모든 요소를 포함하는지 확인하는 함수이다.

연산자	설명
issubset	• 집합이 다른 집합의 부분 집합인지 여부를 확인하는 함수 • 첫 번째 집합의 모든 요소가 두 번째 집합에 포함되어 있으면 True를 반환하고, 그렇지 않으면 False를 반환
issuperset	• 집합이 다른 집합의 상위 집합인지 여부를 확인하는 함수 • 첫 번째 집합이 두 번째 집합의 모든 요소를 포함하고 있으면 True를 반환하고, 그렇지 않으면 False를 반환
isdisjoint	• 두 집합이 공통된 요소를 하나도 가지고 있지 않은지 확인하는 함수 • 두 집합에 공통된 요소가 전혀 없으면 True를 반환하고, 공통된 요소가 하나라도 있으면 False를 반환

코드 살펴보기

소스코드 **T04_10.py**

부분 집합/상위 집합 함수

```
x = {1, 2}
y = {1, 2, 3}
z = {3, 4}
print(x.issubset(y)) # ①
print(y.issubset(x)) # ②
print(x.isdisjoint(z)) # ③
```

실행결과 ✕

```
True
False
True
```

코드 해설

① 집합 변수 x가 집합 변수 y의 부분 집합이므로 True를 출력합니다.
② 집합 변수 y가 집합 변수 x의 부분 집합이 아니므로 False를 출력합니다.
③ 집합 변수 x와 집합 변수 z가 공통 요소를 가지지 않으므로 True를 출력합니다.

요소 추가 함수

add 함수는 단일 요소를 추가하는 함수이다.

코드 살펴보기

소스코드 **T04_11.py**

add 함수

```
x = {1, 2}
x.add(3) # ①
print(x)
x.add(2) # ②
print(x)
```

실행결과 ✕

```
{1, 2, 3}
{1, 2, 3}
```

코드 해설

① 집합 변수 x에 3을 추가하여 x는 {1, 2, 3}이 됩니다.
② 집합은 중복을 허용하지 않기 때문에, 집합 변수 x에 3은 이미 포함되어 있으므로 추가되지 않습니다.

143

update 함수는 여러 요소를 한 번에 추가하는 함수이다.

</> 코드 살펴보기

update 함수

```
x = {1, 2}
x.update([3, 4]) # ①
print(x) # ②
```

실행결과 ✕
```
{1, 2, 3, 4}
```

코드 해설

① 집합 변수 x에 [3, 4]를 추가합니다.
② x를 출력하면 기존의 {1, 2}에 [3, 4]가 추가된 {1, 2, 3, 4}가 출력됩니다.

요소 제거 함수

remove 함수는 특정 요소를 제거하는 함수이다.

Tip 집합에 제거하려는 요소가 없으면 오류가 발생합니다.

</> 코드 살펴보기

remove 함수

```
x = {1, 2}
x.remove(2) # ①
print(x) # ②
```

실행결과 ✕
```
{1}
```

코드 해설

① 집합 변수 x에서 2를 제거합니다.
② x를 출력하면 기존의 {1, 2}에서 2가 제거된 {1}이 출력됩니다.

4.2 사전

▶ 영상 보러가기

사전 개념

사전(Dictionary)은 키(key)와 값(value) 쌍으로 데이터를 저장하는 비시퀀스 자료형이다.
사전은 중복된 키를 허용하지 않으며, 키를 통해 값을 효율적으로 조회할 수 있다.
순서가 없기 때문에 요소들이 삽입된 순서와는 무관하게 저장된다.

사전 생성

중괄호 {}를 사용하여 생성

사전은 중괄호 {}를 사용하여 키와 값을 짝지어 생성할 수 있다.

</> 코드 살펴보기　　　　소스코드 T04_14.py

사전 생성 및 출력

```
x = {10: 'aaa', 20: 'bbb', 25: 'ccc'} # ①
print(x) # ②        키는 반드시 고유한 값이어야 합니다.
```

실행결과　　　　X
```
{10: 'aaa', 20: 'bbb', 25: 'ccc'}
```

집합처럼 출력결과에 중괄호가 있지만, 사전은 중간에 콜론(:)이 들어가 있어서 콜론 유무를 보고 집합과 사전을 구분할 수 있습니다.

코드 해설

① x 변수에 10, 20, 25를 키로 하고, 'aaa', 'bbb', 'ccc'를 값으로 하는 사전을 저장합니다.
② x 변수의 값을 출력하면 각 키와 그에 대응하는 값들이 출력됩니다.

dict 함수를 사용하여 생성

dict 함수는 키와 값의 쌍을 포함하는 리스트, 튜플 등 반복 가능한 객체를 받아 사전으로 변환하는 함수이다.

</> 코드 살펴보기 소스코드 T04_15.py

dict 함수

```
x = [(10, 'aaa'), (20, 'bbb'), (25, 'ccc')] # ①
y = dict(x) # ②
print(y) # ③
```

실행결과

```
{10: 'aaa', 20: 'bbb', 25: 'ccc'}
```

코드 해설

① 10과 'aaa'로 이루어진 튜플, 20과 'bbb'로 이루어진 튜플, 25와 'ccc'로 이루어진 튜플로 구성된 리스트를 x 변수에 저장합니다.
② x 변수를 사전으로 변환하여 y 변수에 저장합니다.
③ 사전 y를 출력합니다.

사전 연산

키를 사용한 값 조회

사전에서는 대괄호 [] 안에 키를 넣어 해당 키에 대한 값을 조회할 수 있다.

</> 코드 살펴보기 소스코드 T04_16.py

키를 사용한 값 조회

```
x = {10: 'aaa', 20: 'bbb', 25: 'ccc'} # ①
print(x[10]) # ②
```

실행결과

```
aaa
```

코드 해설

① x 변수에 10, 20, 25를 키로 하고, 'aaa', 'bbb', 'ccc'를 값으로 하는 사전을 저장합니다.
② x[10]은 사전 x에서 10에 대응하는 값인 'aaa'를 출력합니다.

키 추가 및 값 수정

사전에 새로운 키-값 쌍을 추가하거나 기존 키의 값을 수정할 수 있다.

</> 코드 살펴보기

키 추가 및 생성

```
x = {'aaa': 1, 'bbb': 2, 'ccc': 3} # ①
x['ddd'] = 4 # ②
x['bbb'] = 5 # ③
print(x)
```

</> 실행결과   ✕

{'aaa': 1, 'bbb': 5, 'ccc': 3, 'ddd': 4}

코드 해설

① x 변수에 'aaa', 'bbb', 'ccc'를 키로 하고, 1, 2, 3을 값으로 하는 사전을 저장합니다.

② 사전 x에 새로운 키 'ddd'와 값 4를 추가합니다.

③ 기존 'bbb' 키의 값을 5로 수정합니다.

in 연산자

in 연산자는 사전에서 특정 키(Key)가 존재하는지를 확인하는 연산자이다.

사전의 값(Value)이 아닌 키(Key)에 대해서만 존재 여부를 확인한다.

</> 코드 살펴보기

사전과 in 연산자

```
x = {10: 'aaa', 20: 'bbb', 25: 'ccc'}
print(10 in x) # ①
print('aaa' in x) # ②
```

</> 실행결과   ✕

True
False

코드 해설

① 사전 변수 x에서 키 10이 존재하므로 True를 출력합니다.

② 사전 변수 x에서 값 'aaa'는 키로 사용되지 않았으므로 False를 출력합니다.

사전과 함께 사용하는 내장 함수

len 함수

len 함수는 사전 내의 요소의 개수를 알려주는 함수이다.

</> 코드 살펴보기

소스코드 T04_19.py

사전과 len 함수

```
x = {10: 'aaa', 20: 'bbb', 25: 'ccc'} # ①
print(len(x)) # ②
```

</> 실행결과	X
3	

코드 해설

① 사전 변수 x에 {10: 'aaa', 20: 'bbb', 25: 'ccc'}를 저장합니다.
② x는 요소가 3개이므로 3을 출력합니다.

min 함수/max 함수

min 함수는 사전의 키 중 가장 작은 값을 알려주는 함수이다.

max 함수는 사전의 키 중 가장 큰 값을 알려주는 함수이다.

</> 코드 살펴보기

소스코드 T04_20.py

사전과 min, max 함수

```
x = {10: 'aaa', 20: 'bbb', 25: 'ccc'} # ①
print(max(x)) # ②
print(min(x)) # ③
```

</> 실행결과	X
25	
10	

코드 해설

① 사전 변수 x에 {10: 'aaa', 20: 'bbb', 25: 'ccc'}를 저장합니다.
② 사전의 키 값 중 가장 큰 값은 25이므로 25를 출력합니다.
③ 사전의 키 값 중 가장 작은 값은 10이므로 10을 출력합니다.

148

bool 함수

bool 함수는 값을 논리형(True 또는 False)으로 변환하는 함수이다.

사전의 경우 빈 사전({})이면 False이고, 그 외에는 True이다.

</> 코드 살펴보기
소스코드 T04_21.py

사전과 bool 함수

```
print(bool({ })) # ①
print(bool({1:'aaa', 2:'bbb'})) # ②
```

실행결과 ✕
```
False
True
```

코드 해설

① 빈 사전은 거짓이므로 False를 출력합니다.

② 비어 있지 않은 사전은 참이므로 True를 출력합니다.

사전과 함께 사용하는 함수

keys 함수

keys 함수는 사전에 저장된 모든 키를 반환하는 함수이다.

</> 코드 살펴보기
소스코드 T04_22.py

사전과 keys 함수

```
x = {10: 'aaa', 20: 'bbb', 25: 'ccc'}
print(x.keys()) # ①
```

실행결과 ✕
```
dict_keys([10, 20, 25])
```

코드 해설

① keys()는 사전 x의 모든 키를 출력합니다.

values 함수

values 함수는 사전에 저장된 모든 값을 반환하는 함수이다.

코드 해설

① values 함수는 사전 변수 x의 모든 값을 출력합니다.

items 함수

items 함수는 사전에 저장된 모든 키-값 쌍을 튜플 형태로 반환하는 함수이다.

코드 해설

① items 함수는 사전 x의 모든 요소를 출력합니다.

get 함수

get 함수는 주어진 키에 대응하는 값을 반환하고, 해당 키가 없을 경우 None을 반환하는 함수이다.

코드 해설

① 사전 변수 x에서 키 10에 해당하는 값을 반환하는데, x에서 키 10은 값 'aaa'를 가지고 있으므로, 'aaa'를 출력합니다.

② 사전 변수 x에서 키 30이 없으므로 None을 출력합니다.

clear 함수

clear 함수는 사전에 저장된 모든 항목을 삭제하는 함수이다.

코드 해설

① 사전 변수 x의 모든 항목을 삭제합니다.

② 사전 값이 비어 있는 형태인 { }를 출력합니다.

pop 함수

pop 함수는 사전에서 특정 키를 제거하고 그 키에 대응하는 값을 반환하는 함수이다.

코드 살펴보기

소스코드 T04_27.py

사전과 pop 함수

```
x = {10: 'aaa', 20: 'bbb', 25: 'ccc'}
print(x.pop(20)) # ①
print(x) # ②
```

실행결과

```
bbb
{10: 'aaa', 25: 'ccc'}
```

코드 해설

① x 변수의 키 값인 20에 해당하는 값을 x 변수에서 제거하고 'bbb'를 출력합니다.

② 20에 해당하는 'bbb'가 삭제된 x 값을 출력한다.

01 집합 {1, 2, 3, 4, 5}와 집합 {3, 4, 5, 6, 7}의 교집합을 출력하는 코드를 작성해보자.

◀/▶ 실행결과	X
{3, 4, 5}	

02 집합 {10, 20, 30}에 숫자 40을 추가한 후 출력하는 코드를 작성해보자.

◀/▶ 실행결과	X
{40, 10, 20, 30}	

03 집합 {10, 20, 30, 40}에서 가장 큰 값을 출력하는 코드를 작성해보자.

◀/▶ 실행결과	X
40	

04 집합 {5, 10, 15}가 집합 {5, 10, 15, 20}의 부분 집합이면 True를, 부분 집합이 아니면 False를 출력하는 코드를 작성해보자.

◀/▶ 실행결과	X
True	

05 사전 {'a': 1, 'b': 2, 'c': 3}에서 키 'b'의 값을 출력하는 코드를 작성해보자.

실행결과   X

```
2
```

06 사전 {'a': 1, 'b': 2, 'c': 3}에 키 'd'와 값 4를 추가한 후 출력하시오.

실행결과   X

```
{'a': 1, 'b': 2, 'c': 3, 'd': 4}
```

07 사전 {'a': 1, 'b': 2, 'c': 3}에서 'd' 키가 존재하는지 확인하고 결과를 출력하시오.

실행결과   X

```
False
```

08 집합 {1, 2, 3}에 숫자 4를 추가한 후 출력하는 코드를 작성해보자.

실행결과   X

```
{1, 2, 3, 4}
```

09 사전 {'x': 10, 'y': 20, 'z': 30}에서 키 'y'를 삭제한 후, 사전을 출력하는 코드를 작성해보자.

실행결과   X

{'x': 10, 'z': 30}

10 사전 {'a': 1, 'b': 2, 'c': 3}에 키 'd'와 값 4를 추가한 후, 사전을 출력하는 코드를 작성해보자.

실행결과   X

{'a': 1, 'b': 2, 'c': 3, 'd': 4}

01 소스코드 Q04_01.py

```
s1 = {1, 2, 3, 4, 5}
s2 = {3, 4, 5, 6, 7}
print(s1 & s2)
```

02 소스코드 Q04_02.py

```
s = {10, 20, 30}
s.add(40)
print(s)
```

03 소스코드 Q04_03.py

```
s = {10, 20, 30, 40}
print(max(s))
```

04 소스코드 Q04_04.py

```
s1 = {5, 10, 15}
s2 = {5, 10, 15, 20}
print(s1.issubset(s2))
```

05 소스코드 Q04_05.py

```
d = {'a': 1, 'b': 2, 'c': 3}
print(d['b'])
```

06 소스코드 Q04_06.py

```
d = {'a': 1, 'b': 2, 'c': 3}
d['d'] = 4
print(d)
```

07 소스코드 Q04_07.py

```
d = {'a': 1, 'b': 2, 'c': 3}
print('d' in d)
```

08 소스코드 Q04_08.py

```
s = {1, 2, 3}
s.add(4)
print(s)
```

09 소스코드 Q04_09.py

```
d = {'x': 10, 'y': 20, 'z': 30}
del d['y']
print(d)
```

10 소스코드 Q04_10.py

```
d = {'a': 1, 'b': 2, 'c': 3}
d['d'] = 4
print(d)
```

5장

조건문

조건문은 프로그램이 특정 상황에서 서로 다른 동작을 하도록 하는 데 필수적인 도구입니다. 조건문을 통해 프로그램은 상황에 따라 다른 결정을 내릴 수 있습니다. 꼬물이는 프로그램이 '만약 이렇다면'이라는 논리적 판단을 통해 실행 흐름을 결정하는 것을 배우며, 조건문이 어떻게 프로그램의 유연성을 높이는지 깨달았습니다. 조건문을 사용하면 다양한 상황에서 프로그램이 적절한 동작을 수행하도록 만들 수 있습니다. 파이썬에서는 'if', 'elif', 'else'를 사용하여 조건에 따라 다른 코드를 실행할 수 있습니다.

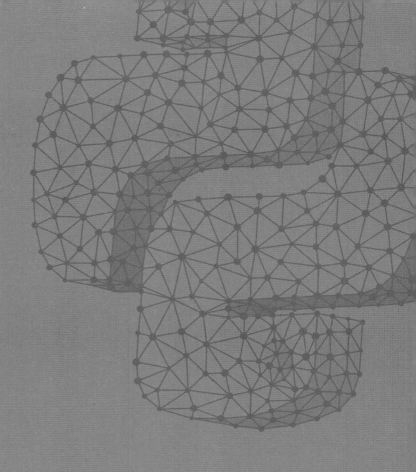

무엇을 배워볼까요?

학습목표 1: if, elif, else 구문을 사용하여 프로그램의 실행 흐름을
조건에 따라 제어해본다.

학습목표 2: 다양한 비교 연산자와 논리 연산자를 조합하여 복잡한
조건식을 만들어보고, 프로그램에 적용해본다.

학습목표 3: 조건문을 활용하여 특정 상황에 따라 서로 다른 동작을
수행하는 프로그램을 만들어본다.

5.1 if 문

▶ 영상 보러가기

if 문 개념

if 문은 조건에 따라 프로그램의 흐름을 제어하는 제어문이다.

특정 조건이 참(True)일 때 코드 블록을 실행하고, 조건이 거짓(False)이면 다른 코드 블록을 실행한다.

기본 if 문

단순 if 문

if 문은 입력한 조건식을 만족하는 경우에만 다음 문장을 수행하는 구문이다.

조건문은 특정 행동을 수행하기 위해, 필요한 판단 기준을 if 문 형태로 제시하며, 조건을 만족하는 경우와 그렇지 않은 경우로 나누어 프로그램이 순차적으로 명령을 처리할 수 있도록 한다.

└── 프로그램의 논리적 흐름 제어는 프로그래밍의 핵심입니다.

if 조건 뒤에는 반드시 콜론(:)을 붙여야 하고, 조건식을 만족할 때 수행할 명령문은 if 문 다음에 들여쓰기로 구분한다. 만약 들여쓰기가 올바르게 되어 있지 않다면 오류가 발생하게 된다.

> **Tip** 들여쓰기는 보통 4칸의 공백(또는 탭)을 사용하며, 같은 블록에 속하는 모든 코드 라인은 일관된 들여쓰기를 유지해야 합니다.

if 문이 참이면 if 문 블록의 명령문을 실행하고, 그렇지 않으면 if 문 안의 명령문을 실행하지 않는다.

if 문

```
x = 95
if x >= 60: # ①
    print("x는 60 이상")
    print("{0}는 60 이상".format(x))
```

> **⚙ 실행결과**   ✕
>
> x는 60 이상
>
> 95는 60 이상

코드 해설

① x >= 60 조건이 참(True)이기 때문에, if 문 안에 있는 두 개의 print 명령이 실행됩니다. 그래서 "x는 60 이상"과 "95는 60 이상"이라는 두 줄의 출력이 화면에 나타납니다.

if~else 문은 조건문이 True이면 if 문의 명령문을 실행하고, False이면 else의 명령문을 실행한다.

if~else 문

```
x = 35
if x >= 60: # ①
    print("x는 60 이상")
    print("{0}는 60 이상".format(x))
else: # ②
    print("x는 60 미만")
    print("{0}는 60 미만".format(x))
```

> **⟨/⟩ 실행결과**　　　　　　　　　　　　　　　X
>
> x는 60 미만
>
> 35는 60 미만

코드 해설

① x >= 60 조건이 거짓(False)이기 때문에, if 문 안의 print 명령들은 실행되지 않고 else 문으로 넘어갑니다.

② else 문은 if 조건이 거짓일 때 실행됩니다. 여기서는 x가 60보다 작기 때문에 else 문 안의 print 명령들이 실행되며, "x는 60 미만"과 "35는 60 미만"이라는 두 줄이 출력됩니다.

> **Tip**　if랑 else의 들여쓰기가 같을 필요는 없습니다. if 문 안에는 2칸 들여쓰기하고 else 문 안에는 3칸 들여쓰기해도 상관없습니다.

if 문의 조건이 거짓이면서 elif 문의 조건이 참일 경우 elif 안에 있는 명령문을 실행하고, else는 if 문의 조건문이 거짓이고 여러 개의 elif 문이 모두 거짓일 때 else 안에 있는 명령문을 실행한다. elif는 여러 개 사용이 가능하고, else는 사용하지 않거나 마지막에 한 번만 사용한다.

코드 살펴보기
소스코드 **T05_03.py**

if~elif~else 문

```
x = 79
if x >= 90: # ①
    print("x는 90 이상")
elif x >= 80: # ②
    print("x는 80 이상, x는 90 미만")
else: # ③
    print("x는 80 미만")
```

실행결과 ✕

x는 80 미만

코드 해설

① x >= 90 조건이 거짓(False)이므로, if 문 안의 명령은 실행되지 않고, 다음 조건으로 넘어갑니다.

② x >= 80 조건 역시 거짓(False)이기 때문에 elif 블록의 명령도 실행되지 않습니다.

③ 마지막 else 블록이 실행되며, "x는 80 미만"이 출력됩니다.

중첩 if 문

if 문 안에 if 문을 넣어서 조건 안에 조건을 추가할 수 있으며, 이를 통해 더 복잡한 조건 분기를 구현할 수 있다.

```
if 조건1:
    # 조건1이 참일 때 실행할 코드

    if 조건2:
        # 조건1과 조건2가 모두 참일 때 실행할 코드
    else:
        # 조건1이 참이고, 조건2가 거짓일 때 실행할 코드
else :
    # 조건1이 거짓일 때 실행할 코드
```

163

중첩 if 문

```
x, y = 30, 40
if x >= 60: # ①
    print("x는 60 이상이고, ") # ②
    if y >= 60: # ③
        print("y는 60 이상") # ④
    else: # ⑤
        print("y는 60 미만") # ⑥
else: # ⑦
    print("x는 60 미만이고, ") # ⑧
    if y >= 60: # ⑨
        print("y는 60 이상") # ⑩
    else: # ⑪
        print("y는 60 미만") # ⑫
```

</> 실행결과   X

x는 60 미만이고,

y는 60 미만

코드 해설

① x >= 60 조건이 거짓(False)이기 때문에, if 문 블록의 명령은 실행되지 않고 else 블록으로 넘어갑니다.

⑦ else 블록이 실행됩니다.

⑧ "x는 60 미만이고, "라는 문장이 출력됩니다.

⑨ 이어서 중첩 if 문에서 y >= 60조건을 확인합니다. 여기서 y가 60 미만이므로 조건이 거짓(False)입니다.

⑪ y >= 60 조건이 거짓이므로 else 블록의 명령이 실행됩니다.

⑫ "y는 60 미만"이 출력됩니다.

Tip   복잡한 프로그램을 작성한다면 다양한 조건들을 여러 가지 상황에서 사용하게 됩니다. 다만, 조건문 내의 명령문들은 이 명령문이 포함된 "상위의 조건문을 만족했다"라는 것을 전제로 하기 때문에, 조건문이 계속해서 중첩되면 결국 명령문이 실행될 최종 조건을 파악하기가 어려울 수 있습니다.

if 문과 함께 사용하는 연산자

or 연산자

연산자를 이용해서 여러 개의 조건문을 하나의 조건문으로 결합할 수 있다. 두 개 이상의 조건문을 or 연산자로 결합하게 되면 조건문 중 하나만 참이어도 if 문 안의 명령을 실행한다.

or 연산자

```
x, y = 90, 40
if x >= 60 or y >= 60: # ①
    print("x는 60 이상이거나 y는 60 이상")
else: # ②
    print("x는 60 이상도 아니고, y도 60 이상이 아님")
```

> 🔳 실행결과   X
>
> x는 60 이상이거나 y는 60 이상

코드 해설

① x >= 60 or y >= 60 조건에서 or 연산자를 사용하여 x나 y중 하나라도 60 이상이면 참(True)이 됩니다. 여기서 x가 60 이상이기 때문에 조건은 참이 되어 if 블록이 실행됩니다. "x는 60 이상이거나 y는 60 이상"이라는 문장이 출력됩니다.

② 만약 x >= 60 or y >= 60 조건이 거짓(False)이었다면, else 블록이 실행되어 "x는 60 이상도 아니고, y도 60 이상이 아님"이 출력되었을 것입니다.

and 연산자

두 개 이상의 조건문을 and 연산자로 결합하게 되면 모든 조건문이 참이어야 if 문 안의 명령문이 실행된다.

and 연산자

```
x, y = 90, 40
if x >= 60 and y >= 60: # ①
    print("x는 60 이상이면서 y는 60 이상")
else: # ②
    print("x는 60 이상이 아니거나, y는 60 이상이 아님")
```

> 🔳 실행결과   X
>
> x는 60 이상이 아니거나, y는 60 이상이 아님

코드 해설

① x >= 60 and y >= 60 조건에서 and 연산자를 사용하여 x와 y가 모두 60 이상이어야 조건이 참(True)이 됩니다. 여기서 x는 60 이상이지만, y는 60 미만이므로 조건이 거짓(False)이 되어 if 블록은 실행되지 않고 else 블록으로 넘어갑니다.

② else 블록이 실행되어 "x는 60 이상이 아니거나, y는 60 이상이 아님"이라는 문장이 출력됩니다. 이 문장은 x와 y 중 하나라도 60 미만일 경우를 의미합니다.

not 연산자

not 연산자는 조건의 참/거짓을 반대로 뒤집는 역할을 한다.

</> 코드 살펴보기  소스코드 T05_07.py

not 연산자

```
x = 55
if not x >= 60: # ①
    print("x는 60 이상이 아님")
else: # ②
    print("x는 60 이상")
```

</> 실행결과 ✕

x는 60 이상이 아님

코드 해설

① not x >= 60 조건에서 not 연산자가 x >= 60 조건을 반대로 바꿉니다. x >= 60은 거짓(False)이므로 not에 의해 참(True)이 되어 if 블록이 실행됩니다. "x는 60 이상이 아님"이라는 문장이 출력됩니다.

② 만약 x >= 60 조건이 참이어서 not x >= 60이 거짓이었다면, else 블록이 실행되어 "x는 60 이상"이 출력되었을 것입니다.

in 연산자

in 연산자는 주어진 값이 특정 자료형에 포함되어 있는지를 확인하는 연산자이다.

</> 코드 살펴보기  소스코드 T05_08.py

문자열 in 연산자

```
x = 'Hello' # ①
if 'h' in x: # ②
    print("h 있음")
elif 'H' in x: # ③
    print("H는 있음")
else: # ④
    print("h, H 둘 다 없음")
```

</> 실행결과 ✕

H는 있음

코드 해설

① x는 문자열 'Hello'를 저장합니다.

② if 'h' in x조건은 문자열 x에 소문자 'h'가 포함되어 있는지를 확인합니다. 여기서 'Hello'에는 소문자 'h'가 없기 때문에 이 조건은 거짓(False)입니다. 따라서 다음 조건으로 넘어갑니다.

③ elif 'H' in x조건은 문자열 x에 대문자 'H'가 포함되어 있는지를 확인합니다. 'Hello'에는 대문자 'H'가 포함되어 있으므로 이 조건은 참(True)입니다. 따라서 print("H는 있음")이 실행되어 "H는 있음"이라는 문장이 출력됩니다.

④ 만약 if와 elif 조건이 모두 거짓이었다면, else 블록이 실행되어 "h, H 둘 다 없음"이 출력되었을 것입니다.

</> 코드 살펴보기 　　　　　　　　　　　　　　　　　소스코드 T05_09.py

리스트 in 연산자

```
x = [10, 20, 30] # ①

if 15 in x: # ②
    print("15는 있음")
elif 20 not in x: # ③
    print("20은 없음")
else: # ④
    print("15는 없고, 20은 있음")
```

> **</> 실행결과**　　　　　　　　　　　　X
> 15는 없고, 20은 있음

코드 해설

① x는 리스트 [10, 20, 30]을 저장합니다.

② if 15 in x 조건은 리스트 x에 15가 포함되어 있는지를 확인합니다. 여기서 15는 리스트 x에 없으므로 이 조건은 거짓(False)입니다. 따라서 다음 조건으로 넘어갑니다.

③ elif 20 not in x 조건은 리스트 x에 20이 포함되어 있지 않은지를 확인합니다. 리스트 x에는 20이 포함되어 있으므로 이 조건 또한 거짓(False)입니다.

④ if와 elif 조건이 모두 거짓이기 때문에, else 블록이 실행됩니다. 따라서 "15는 없고, 20은 있음"이라는 문장이 출력됩니다.

코드 해설

① x는 집합 {10, 20, 30}을 저장하고, y는 사전 {10: 'aaa', 20: 'bbb', 30: 'ccc'}를 저장합니다.

② if 15 in x or 25 in y 조건은 x에 15가 포함되어 있거나, y에 키 25가 포함되어 있는지를 확인합니다. 여기서 x에는 15가 없고, y에도 키 25가 없기 때문에 조건은 거짓(False)이 됩니다. 따라서 다음 조건으로 넘어갑니다.

③ elif 20 in x and 25 not in y 조건은 x에 20이 포함되어 있고, y에 25가 포함되어 있지 않은지를 확인합니다. 여기서 x에는 20이 포함되어 있고, y에는 25가 포함되지 않으므로 이 조건은 참(True)이 됩니다. 따라서 "x에 20이 있고, y에 25가 없음"이라는 문장이 출력됩니다.

④ 만약 if와 elif 조건이 모두 거짓이었다면, else 블록이 실행되어 "if 문, elif 문 둘 다 거짓"이라는 문장이 출력됩니다.

#단순조건부 #중첩조건부 #가독성

5.2 조건부 표현식

▶ 영상 보러가기

단순 조건부 표현식

한 줄로 조건을 판단하고, 그에 따른 결과를 반환한다. 간결한 코드 작성에 유용하다.

```
참 if 조건 else 거짓
```

Tip 조건부 표현식은 조건을 한 줄로 표현하기 때문에 가독성이 좋습니다.

</> 코드 살펴보기

소스코드 T05_11.py

조건부 표현식

```
x = 35
print("x는 60 이상" if x>=60 else "x는 60 미만") # ①
```

실행결과

```
x는 60 미만
```

코드 해설

① x >= 60 조건이 참(True)이라면 "x는 60 이상"이 출력되고, 거짓(False)이라면 "x는 60 미만"이 출력됩니다. 이 코드에서 x의 값은 35이므로 x >= 60 조건이 거짓이 되어, "x는 60 미만"이 출력됩니다.

중첩 조건부 표현식

중첩 조건부 표현식을 사용하면 여러 조건을 한 줄에 표현할 수 있다.

소스코드 T05_12.py

</> 코드 살펴보기

중첩 조건부 표현식

```
x = 35
print("x는 90 이상" if x >= 90 else "x는 60 이상" if x >= 60 else "x는 60 미만") # ①
```

> **실행결과**   ✕
>
> x는 60 미만

코드 해설

① 첫 번째 조건인 x >= 90이 참(True)일 경우 "x는 90 이상"이 출력됩니다. x >= 90이 거짓(False)일 경우, 다음 조건인 x >= 60을 확인합니다. 이 조건이 참이라면 "x는 60 이상"이 출력됩니다. 두 조건이 모두 거짓이면 "x는 60 미만"이 출력됩니다. 여기서 x의 값은 35이므로 두 조건이 모두 거짓이 되어, 최종적으로 "x는 60 미만"이 출력됩니다.

Tip | 중첩 조건부 표현식이 헷갈린다면 괄호를 이용해도 됩니다.

     print("x는 90 이상" if x >= 90 else ("x는 60 이상" if x >= 60 else "x는 60 미만"))

01 두 숫자 중에 어느 숫자가 더 큰지 출력하는 코드를 작성해보자. 만약 두 숫자가 같다면 "두 숫자는 같음"이라고 출력하시오.

[입력]

> 첫 번째 숫자: 10
>
> 두 번째 숫자: 20

실행결과   X

두 번째 숫자가 더 큼

02 score라는 변수에 점수를 입력받고 학점을 출력하는 코드를 작성해보자. (90점 이상은 A, 80점 이상은 B, 70점 이상은 C, 60점 이상은 D, 60점 미만은 F)

[입력]

> 점수: 70

실행결과   X

학점: C

03 입력된 숫자가 홀수인지 짝수인지 출력하는 코드를 작성해보자.

[입력]

숫자: 12

> **∢⁄› 실행결과**   X
>
> 짝수

04 apple, banana, cherry을 담은 리스트에서 입력한 문자열이 해당 리스트에 포함되었다면 '포함됨'을, 그렇지 않으면 '포함되지 않음'을 출력하는 코드를 작성해보자.

[입력1]

과일: apple

> **∢⁄› 실행결과**   X
>
> 포함됨

[입력2]

과일: durian

> **∢⁄› 실행결과**   X
>
> 포함되지 않음

05 두 점수를 입력받아 평균 점수가 60 이상이면 "합격", 아니면 "불합격"을 출력하는 프로그램을 작성해보자. (평균 점수가 x점일 때 평균 점수가 60점 이상이면 "평균 점수는 x점으로 합격"을, 그렇지 않으면 "평균 점수는 x점으로 불합격"을 출력)

[입력]

첫 번째 점수: 80
두 번째 점수: 50

실행결과 X

평균 점수는 65.0점으로 합격

06 입력받은 글자가 python이라는 글자에 포함된 글자이면 "포함"을, 아니면 "포함되지 않음"을 출력하는 코드를 작성해보자.

[입력]

X

실행결과 X

포함되지 않음

07 두 숫자를 입력받고 10 이상의 숫자가 몇 개인지 출력하는 코드를 작성해보자. (두 숫자 모두 10 이상이면 "두 숫자 모두 10 이상입니다", 한 숫자만 10 이상이면 "한 숫자만 10 이상입니다", 모두 10 미만인 경우 "두 숫자 모두 10 미만입니다")

[입력]

첫 번째 숫자: 10
두 번째 숫자: 9

<//> 실행결과   X

한 숫자만 10 이상

08 사용자에게 연도를 입력받아, 해당 연도가 윤년이면 "윤년"으로, 그렇지 않으면 "평년"으로 출력하는 코드를 작성해보자. (연도가 4로 나누어떨어지면 윤년이지만 100으로 나누어떨어지면 윤년이 아니고, 400으로 나누어떨어지면 윤년)

[입력]

연도: 2000

<//> 실행결과   X

윤년

09 사용자의 키(미터 단위)와 몸무게(킬로그램 단위)를 입력받아 BMI(체질량지수)를 계산하고, 건강 상태를 출력하는 코드를 작성해보자. (BMI는 소수점 1자리로 출력)

[건강 상태]

BMI 공식: BMI = 몸무게(kg) / 키(m)^2

BMI < 18.5: 저체중

18.5 ≤ BMI < 24.9: 정상 체중

25 ≤ BMI < 29.9: 과체중

BMI ≥ 30: 비만

[입력]

키(미터): 1.78
몸무게(킬로그램): 80

실행결과   X

BMI: 25.2
상태: 과체중

10 사용자에게 1에서 7까지의 숫자를 입력받아, 해당 숫자에 해당하는 요일을 출력하는 코드를 작성해보자. (입력받은 숫자가 1~7 범위에 있지 않으면, "잘못된 입력"을 출력)

[조건]

1: 월요일

2: 화요일

3: 수요일

4: 목요일

5: 금요일

6: 토요일

7: 일요일

[입력]

숫자를 입력하세요(1~7): 3

⟨/⟩ 실행결과	X
수요일	

01 소스코드 Q05_01.py

```python
num1 = int(input("첫 번째 숫자: "))
num2 = int(input("두 번째 숫자: "))
if num1 > num2:
    print("첫 번째 숫자가 더 큼")
elif num1 < num2:
    print("두 번째 숫자가 더 큼")
else:
    print("두 숫자는 같음")
```

02 소스코드 Q05_02.py

```python
score = int(input("점수: "))

if score >= 90:
    grade = "A"
elif score >= 80:
    grade = "B"
elif score >= 70:
    grade = "C"
elif score >= 60:
    grade = "D"
else:
    grade = "F"

print("학점:", grade)
```

03 소스코드 Q05_03.py

```python
number = int(input("숫자: "))
if number % 2 == 0:
    print("짝수")
else:
    print("홀수")
```

04 소스코드 Q05_04.py

```python
x = ["apple", "banana", "cherry"]
y = input("과일: ")

if y in x:
    print("포함됨")
else:
    print("포함되지 않음")
```

05 소스코드 Q05_05.py

```python
x = int(input("첫 번째 점수: "))
y = int(input("두 번째 점수: "))
average = (x+y)/2
if average >= 60:
    print(f"평균 점수는 {average}점으로 합격")
else:
    print(f"평균 점수는 {average}점으로 불합격")
```

```
x = input("입력: ")
if x in "python":
    print("포함")
else:
    print("포함되지 않음")
```

07 소스코드 Q05_07.py

```
num1 = int(input("첫 번째 숫자: "))
num2 = int(input("두 번째 숫자: "))
if num1 >= 10 and num2 >= 10:
    print("두 숫자 모두 10 이상")
elif num1 >= 10 or num2 >= 10:
    print("한 숫자만 10 이상")
else:
    print("두 숫자 모두 10 미만")
```

08 소스코드 Q05_08.py

```
year = int(input("연도: "))
if (year % 4 == 0 and year % 100 != 0) or (year % 400 == 0):
    print("윤년")
else:
    print("평년")
```

```python
height = float(input("키(미터): "))
weight = float(input("몸무게(킬로그램): "))
bmi = weight / (height ** 2)

if bmi < 18.5:
    status = "저체중"
elif bmi < 24.9:
    status = "정상 체중"
elif bmi < 29.9:
    status = "과체중"
else:
    status = "비만"

print(f"BMI: {bmi:.1f}")
print(f"상태: {status}")
```

```python
num = int(input("숫자를 입력하세요(1~7): "))
if num == 1:
    print("월요일")
elif num == 2:
    print("화요일")
elif num == 3:
    print("수요일")
elif num == 4:
    print("목요일")
elif num == 5:
    print("금요일")
elif num == 6:
    print("토요일")
elif num == 7:
    print("일요일")
else:
    print("잘못된 입력")
```

6장

반복문

반복문은 우리가 매일 아침에 이를 닦거나, 운동을 할 때처럼 동일한 작업을 여러 번 반복해야 할 상황에서 사용됩니다. 마치 '내가 정해둔 횟수만큼 운동을 끝내면 오늘의 운동이 끝나는 것처럼', 프로그래밍에서 반복문은 특정 작업을 반복적으로 수행할 수 있습니다. 파이썬에서는 'for'와 'while' 반복문을 통해 여러 작업을 쉽게 자동화할 수 있습니다.

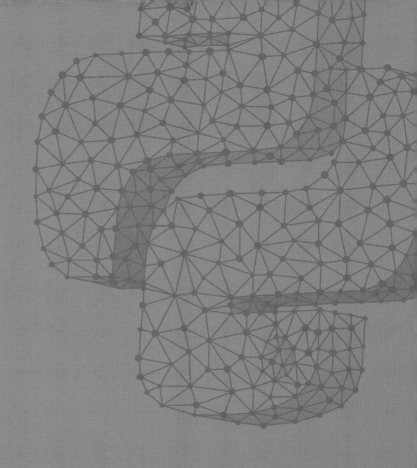

무엇을 배워볼까요?

학습목표 1: for 문과 while 문을 사용하여 특정 작업을 여러 번 반복
실행하는 코드를 작성해본다.

학습목표 2: 반복문 내에서 break 문과 continue 문을 사용하여 반
복의 흐름을 조절해본다.

학습목표 3: 반복문을 활용하여 리스트나 문자열의 모든 요소를 순
회하며 원하는 작업을 자동화해본다.

6.1 for 문

▶ 영상 보러가기

for 문 개념

for 문은 반복 작업을 수행할 때 사용하는 파이썬의 기본 제어문이다.

for문과 같은 반복문을 통해 같은 작업을 효율적으로 여러 번 수행할 수 있다.

for 문 문법

특정 작업을 여러 번 반복하거나, 리스트, 튜플, 문자열 같은 반복 가능한 객체(iterable)의 요소를 하나씩 순회하며 명령문을 실행한다.

for 문에서 반복 가능한 객체는 리스트나 튜플과 같은 자료형의 변수와 함께 in 멤버십 연산자를 사용하여 각 요소를 순차적으로 꺼내 수행 명령문에 반복 전달한다. 이때, 명령문에서 해당 요소를 사용할 수도 있지만, 사용하지 않아도 무방하다.

for 문과 함께 사용하는 자료형

리스트

for 문은 리스트의 각 요소를 순차적으로 접근하며 작업을 수행할 수 있게 한다.

for 문과 리스트

```python
a = [10, 20, 30, 40, 50] # ①


for x in a: # ②
    print(x) # ③
```

실행결과　　　　　　　　　　　　　X

```
10
20
30
40
50
```

코드 해설

① a = [10, 20, 30, 40, 50]는 리스트 a를 정의하며, [10, 20, 30, 40, 50]이라는 요소들을 저장합니다.

② for x in a는 리스트 a의 각 요소를 접근합니다. 리스트는 반복 가능한 객체이므로, for 문을 사용해 각 요소를 하나씩 접근할 수 있습니다. for 문이 실행될 때마다 x에는 리스트의 각 요소가 순서대로 할당됩니다.

③ print(x)는 현재 x에 저장된 값을 출력합니다. 따라서 리스트의 요소 10, 20, 30, 40, 50이 순서대로 출력됩니다.

for 문과 함께 리스트 슬라이싱을 사용하면 리스트의 특정 부분만 선택하여 반복 작업을 수행할 수 있다.

슬라이싱은 리스트의 일부분을 잘라내어 새로운 리스트로 생성하므로, for 문을 사용하여 필요한 요소에만 접근하거나 특정 범위에서 반복 작업을 수행할 수 있게 해준다.

for 문과 리스트 슬라이싱

```python
a = [10, 20, 30, 40, 50] # ①


for x in a[1:4:2]: # ②
    print(x)
```

실행결과　　　　　　　　　　　　　X

```
20
40
```

코드 해설

① a 변수는 리스트 [10, 20, 30, 40, 50]를 저장합니다.

② a 리스트의 인덱스 1부터 시작하고, 4 이전의 요소까지 2씩 건너뛰며 요소를 선택합니다. 따라서 a[1:4:2]는 [20, 40]이라는 요소들을 반환합니다.

③ print(x)는 for 문을 통해 x에 순차적으로 저장된 20과 40을 출력합니다.

문자열

for 문은 문자열의 각 문자를 순차적으로 접근하며 작업을 수행할 수 있게 한다.

</> 코드 살펴보기 소스코드 T06_03.py

for 문과 문자열

```
a = 'Hello' # ①


for x in a: # ②
  print(x) # ③
```

```
⟨/⟩ 실행결과                              ✕
H
e
l
l
o
```

코드 해설

① a = 'Hello'는 문자열 a를 정의하며, "Hello"라는 문자열을 저장합니다.

② for x in a는 문자열 a의 각 문자를 접근합니다. 문자열은 반복 가능한 객체이므로, for 문을 사용해 각 문자를 하나씩 접근할 수 있습니다. for 문이 실행될 때마다 x에는 문자열의 각 문자가 순서대로 할당됩니다.

③ print(x)는 현재 x에 저장된 문자를 출력합니다. a 문자열에는 "Hello"가 저장되어 있으므로, 각 문자가 한 줄씩 출력됩니다.

집합

for 문은 집합의 각 요소를 삽입된 순서와 상관없이 접근하며 작업을 수행할 수 있게 한다.

</> 코드 살펴보기 소스코드 T06_04.py

for 문과 집합

```
a = {10, 20, 30, 40, 50} # ①


for x in a: # ②
  print(x) # ③
```

```
⟨/⟩ 실행결과                              ✕
10
20
30
40
50
```

코드 해설

① a 변수에 집합 {10, 20, 30, 40, 50}을 저장합니다.

② for 문을 사용해 집합의 요소를 하나씩 접근할 수 있습니다. for 문이 실행될 때마다 x에는 집합의 각 요소가 순서와 관계없이 저장됩니다.

③ print(x)는 현재 x에 저장된 값을 출력합니다. 집합은 순서가 없기 때문에 실행할 때마다 요소의 출력 순서가 달라질 수 있습니다.

> **Tip** 집합은 비시퀀스 자료형이므로 실행결과가 원하는 순서대로 출력되지 않을 수 있습니다.

사전

for 문은 사전의 키-값 쌍을 접근하며 작업을 수행할 수 있게 한다.

</> 코드 살펴보기 　　　　　　　　　　　　　소스코드 T06_05.py

for 문과 사전

```
a = {10: 'aaa', 20: 'bbb', 30: 'ccc'} # ①

for x in a: # ②
    print(x) # ③
    print(a[x]) # ④
```

실행결과
```
10
aaa
20
bbb
30
ccc
```

코드 해설

① a 변수에 10, 20, 30을 키(key)로, 'aaa', 'bbb', 'ccc'를 각각의 값(value)으로 저장합니다.

② a 변수의 사전의 키들을 접근합니다. for 문에서 a를 반복하면 사전의 키들이 순차적으로 x에 저장됩니다.

③ print(x)는 현재 키를 출력합니다.

④ print(a[x])는 현재 키 x에 대응하는 값을 출력합니다.

리스트 내포

리스트 내포(List Comprehension)는 리스트를 간결하게 생성하는 방법이다.

조건을 포함하지 않는 리스트 내포

반복문을 한 줄에 표현하여 새로운 리스트를 만든다.

```
[표현식 for 항목 in 반복가능한객체]
```

</> 코드 살펴보기　　　　　　　　　　　　　　소스코드 T06_06.py

리스트 내포

```
a = [1, 2, 3, 4, 5] # ①
b = [num ** 2 for num in a] # ②
print(b)
```

실행결과　　　　　　　　　　×

```
[1, 4, 9, 16, 25]
```

코드 해설

① a 변수는 리스트 [1, 2, 3, 4, 5]를 저장합니다.
② b 변수는 리스트 내포를 사용하여 리스트 a의 각 요소를 제곱한 결과로 새 리스트 b를 만듭니다.

조건을 포함한 리스트 내포

반복문과 조건문을 한 줄에 표현하여 새로운 리스트를 만든다.

```
[표현식 for 항목 in 반복가능한객체 if 조건]
```

조건을 포함한 리스트 내포

```
a = [1, 2, 3, 4, 5] # ①
b = [num ** 2 for num in a if num % 2 == 1] # ②
print(b)
```

실행결과　　　　　　　　　　　　　　　　　　✕
[1, 9, 25]

코드 해설

① a 변수는 리스트 [1, 2, 3, 4, 5]를 저장합니다.

② 리스트 a의 요소 중 num % 2 == 1를 만족하는 요소만 제곱하여 새로운 리스트 b를 만듭니다. if num % 2 == 1 조건은 num이 홀수인 경우에만 제곱(num ** 2)을 수행하므로 최종적으로 홀수 요소의 제곱값들이 리스트 b에 저장됩니다.

> **Tip** 프로그래밍에서 홀수와 짝수를 판별하는 경우가 많습니다. 예를 들어, 변수 x가 짝수인지 확인하려면 if x % 2 == 0:을, 홀수인지 확인하려면 if x % 2 == 1:을 사용합니다.

for 문과 함께 사용하는 함수

range 함수

range 함수는 지정된 범위의 숫자 시퀀스를 생성하는 함수이다. 주로 for 문과 함께 사용되어 특정 횟수만큼 반복하는 데 활용된다.

```
range(start, stop, step)
```

start는 시작할 숫자이고, stop은 종료 값입니다. 이 값은 포함되지 않고, 그 이전 숫자까지 생성된다. step은 각 숫자 사이의 간격이다.

start를 생략하면 0부터 시작하고, step을 생략하면 기본적으로 1씩 증가한다.

> **Tip** range 함수의 값들은 시퀀스 자료형의 슬라이싱과 의미가 같습니다.

</> 코드 살펴보기

range 함수

```
print(list(range(1, 8, 2))) # ①
print(list(range(1, 8))) # ②
print(list(range(8))) # ③
```

⑪ 실행결과　　　　　　　　　　　　　　　×

[1, 3, 5, 7]

[1, 2, 3, 4, 5, 6, 7]

[0, 1, 2, 3, 4, 5, 6, 7]

코드 해설

① range(1, 8, 2)은 1부터 8 이전까지 2씩 증가하는 숫자인 1, 3, 5, 7가 생성되며, 이 값을 list로 변환하여 [1, 3, 5, 7]이 출력됩니다.

② range(1, 8)은 step이 생략되어 step=1이 적용됩니다. 1부터 8 이전까지 1씩 증가하는 숫자인 1, 2, 3, 4, 5, 6, 7이 생성되어 [1, 2, 3, 4, 5, 6, 7]이 출력됩니다.

③ range(8)은 start와 step을 생략했으므로 start=0, step=1이 적용됩니다. 0부터 8 이전까지 1씩 증가하는 숫자인 0, 1, 2, 3, 4, 5, 6, 7이 생성되어 [0, 1, 2, 3, 4, 5, 6, 7]이 출력됩니다.

</> 코드 살펴보기

for 문과 range 함수

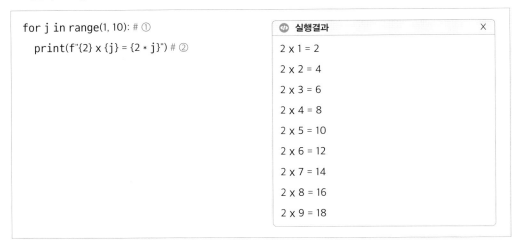

```
for j in range(1, 10): # ①
    print(f"{2} x {j} = {2 * j}") # ②
```

⑪ 실행결과　　　　　　　　　　　　　　　×

2 x 1 = 2

2 x 2 = 4

2 x 3 = 6

2 x 4 = 8

2 x 5 = 10

2 x 6 = 12

2 x 7 = 14

2 x 8 = 16

2 x 9 = 18

코드 해설

① for j in range(1, 10)은 j가 1부터 9까지 반복하도록 설정합니다. 이 for 문은 1부터 9까지의 숫자를 하나씩 j에 할당하여 반복을 진행합니다.

② print(f"{2} x {j} = {2 * j}")는 구구단 2단의 각 곱셈 결과를 출력합니다. j가 순차적으로 1부터 9까지 증가하며, 2 * j의 계산 결과가 출력됩니다.

zip 함수

zip 함수는 여러 반복 가능한 객체(리스트, 튜플 등)를 묶어서 동시에 접근할 때 사용하는 함수이다.

zip 함수 안의 객체 간에 길이가 다를 경우 길이가 가장 짧은 객체에 맞춰 반복한다.

</> 코드 살펴보기 소스코드 T06_10.py

zip 함수

```
a = [1, 2, 3, 4] # ①
b = [4, 5, 6] # ②

for x, y in zip(a, b): # ③
    print(x, y)
```

실행결과 ✕

```
1 4
2 5
3 6
```

코드 해설

① a 변수에 리스트 [1, 2, 3, 4]를 저장합니다.

② b 변수에 리스트 [4, 5, 6]를 저장합니다.

③ zip 함수를 사용하여 리스트 a와 b의 요소들을 순서대로 묶어서 반복합니다. zip은 두 리스트의 요소를 쌍으로 묶으며, 각 반복에서 x와 y에 각 쌍의 요소를 저장하고, x와 y를 출력합니다. 여기에서 a의 길이는 4이고, b의 길이는 3이므로, b의 길이에 맞춰 3번만 반복합니다.

for 문과 함께 사용하는 if 문

</> 코드 살펴보기 소스코드 T06_11.py

for 문과 함께 사용하는 if 문

```
a = [1, 2, 3, 4, 5] # ①
for x in a: # ②
    if x % 2 == 0:
        print(f"{x}는 짝수")
```

실행결과 ✕

```
2는 짝수
4는 짝수
```

코드 해설

① a 변수에 리스트 [1, 2, 3, 4]를 저장합니다.

② 리스트 a의 요소들을 반복합니다. x=2일 때와 x=4일 때 if 문이 참이 되어 출력됩니다.

이중 for 문

이중 for 문은 for 문 안에 또 다른 for 문을 중첩하여 사용하는 구조이다.

2차원 리스트, 여러 개의 리스트를 동시에 접근하거나 특정 조건에 따라 반복 작업을 수행할 때 사용한다.

‹/› 코드 살펴보기　　　　　　　　　　　　　　　　　　　　소스코드 T06_12.py

2차원 리스트와 이중 for 문

```
x = [[1, 2], [3, 4]] # ①
for i in x: # ②
  for j in i: # ③
    print(j) # ④
```

```
⟨/⟩ 실행결과                                      ✕

1
2
3
4
```

코드 해설

① x 변수에 2차원 리스트 [[1, 2], [3, 4]]를 저장합니다.

x[0]		x[1]	
x[0][0]	x[0][1]	x[1][0]	x[1][1]
1	2	3	4

② 2차원 리스트 x의 각 요소를 접근합니다. 반복문이 실행될 때마다 i에는 리스트 [1, 2]와 [3, 4]가 순차적으로 저장됩니다.

③ for j in i는 현재 i에 저장된 리스트의 각 요소를 접근합니다. 리스트 [1, 2]와 [3, 4]의 각 요소를 j에 하나씩 할당합니다.

④ print(j)는 현재 j에 저장된 값을 출력합니다. 첫 번째 반복에서 [1, 2] 리스트의 요소 1과 2가 출력되고, 두 번째 반복에서 [3, 4] 리스트의 요소 3과 4가 출력됩니다.

이중 for 문

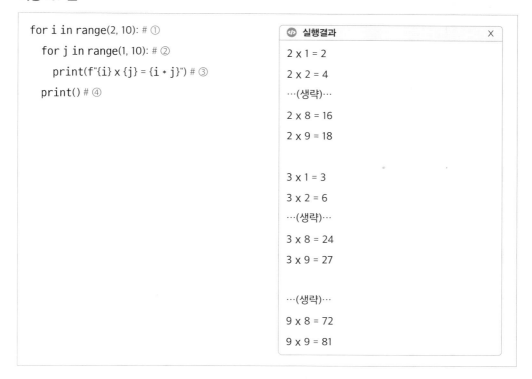

```python
for i in range(2, 10): # ①
    for j in range(1, 10): # ②
        print(f"{i} x {j} = {i * j}") # ③
    print() # ④
```

실행결과   X

```
2 x 1 = 2
2 x 2 = 4
…(생략)…
2 x 8 = 16
2 x 9 = 18

3 x 1 = 3
3 x 2 = 6
…(생략)…
3 x 8 = 24
3 x 9 = 27

…(생략)…
9 x 8 = 72
9 x 9 = 81
```

코드 해설

① 바깥쪽 for 문: i는 2부터 9까지 반복하여, 각 구구단의 단을 나타냅니다.

② j는 1부터 9까지 반복하여, 각 단에 곱할 숫자를 나타냅니다.

③ 각 단과 곱셈의 결과를 형식에 맞춰 출력합니다.

④ 각 단의 결과 사이에 줄바꿈을 넣어 구분합니다.

6.2 while 문

▶ 영상 보러가기

while 문 개념

while 문은 조건문이 True이면 while 문의 명령문을 실행하고, False이면 반복을 종료하는 제어문이다.

> **Tip** for 문은 주로 반복 횟수가 명확할 때 사용하고, while 문은 조건과 함께 사용합니다.

while 문 문법

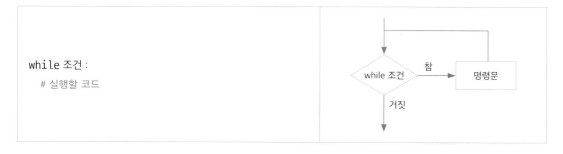

```
while 조건 :
    # 실행할 코드
```

> **Tip** while 문의 조건이 계속 참, 반복문이 끝나지 않고 계속 실행하는 경우가 있는데, 이를 무한루프라고 부릅니다. 만약에 무한루프에 빠졌다면 Ctrl + C 를 눌러 중지시킬 수 있습니다.

</> 코드 살펴보기

소스코드 **T06_14.py**

while 문(1)

```
a = [10, 20, 30, 40, 50] # ①
i = 0 # ②
while i < len(a): # ③
    print(a[i]) # ④
    i += 1 # ⑤
```

실행결과

```
10
20
30
40
50
```

코드 해설

① a 변수에 리스트 [10, 20, 30, 40, 50]를 저장합니다.

② i에 0을 저장합니다. 이는 리스트의 0번째 요소부터 접근하기 위한 시작 위치를 나타냅니다.

③ i가 리스트 a의 길이보다 작을 동안 반복을 실행합니다. 리스트의 마지막 인덱스에 도달하면 while 문이 종료됩니다.

④ 현재 인덱스 i에 해당하는 리스트 a의 요소를 출력합니다. 반복이 진행되면서 리스트의 각 요소가 순차적으로 출력됩니다.

⑤ i 값을 1씩 증가시켜 다음 인덱스로 이동하게 합니다. 이를 통해 리스트의 다음 요소로 접근할 수 있습니다.

`</>` 코드 살펴보기   소스코드 T06_15.py

while 문(2)

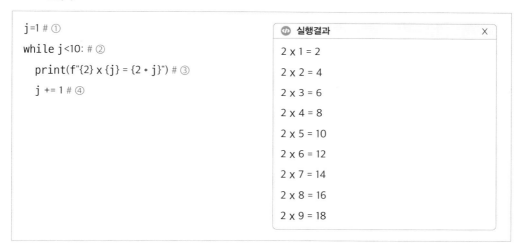

```
j=1 # ①
while j<10: # ②
    print(f"{2} x {j} = {2 * j}") # ③
    j += 1 # ④
```

실행결과
```
2 x 1 = 2
2 x 2 = 4
2 x 3 = 6
2 x 4 = 8
2 x 5 = 10
2 x 6 = 12
2 x 7 = 14
2 x 8 = 16
2 x 9 = 18
```

코드 해설

① 변수 j에 1을 저장합니다.

② while j < 10은 j가 10보다 작은 동안 반복을 실행하는 조건입니다. j가 10이 되면 조건이 거짓이 되어 반복문이 종료됩니다.

③ j가 1부터 9까지 증가하면서 {2} x {j} = {2 * j}의 형식으로 출력됩니다.

④ j = j + 1은 j 값을 1씩 증가시켜 다음 반복에서 j가 새로운 값을 가지도록 합니다.

이중 while 문

이중 while 문은 while 문 안에 또 다른 while 문을 중첩하여 사용하는 구조이다.
외부 while 문의 각 반복마다 내부 while 문이 처음부터 다시 실행된다.

〈/〉 코드 살펴보기
소스코드 **T06_16.py**

이중 while 문

```
i = 2 # ①
while i <= 9: # ②
    j = 1 # ③
    while j <= 9: # ④
        print(f"{i} x {j} = {i * j}") # ⑤
        j += 1 # ⑥
    print() # ⑦
    i += 1 # ⑧
```

실행결과

```
2 x 1 = 2
2 x 2 = 4
…(생략)…
2 x 8 = 16
2 x 9 = 18

3 x 1 = 3
3 x 2 = 6
…(생략)…
3 x 8 = 24
3 x 9 = 27

…(생략)…
9 x 8 = 72
9 x 9 = 81
```

코드 해설

① 변수 i를 초기화하여 구구단에서 2단부터 시작하도록 설정합니다.

② i가 9 이하일 동안 반복을 실행합니다. 이 반복문은 2단부터 9단까지 순차적으로 출력하기 위한 외부 while 문입니다.

③ 변수 j를 초기화하여 각 단에서 1부터 곱셈을 시작하도록 설정합니다.

④ j가 9 이하일 동안 반복을 실행합니다. 이 반복문은 각 단의 1부터 9까지 곱셈을 수행하기 위한 내부 while 문입니다.

⑤ f-string을 사용하여 {i} x {j} = {i * j} 형식으로 각 단의 곱셈 결과가 출력됩니다.

⑥ j += 1은 j 값을 1씩 증가시켜, 1부터 9까지의 곱셈을 순차적으로 수행하게 합니다.

⑦ print()는 각 단의 구구단 결과 사이에 빈 줄을 추가합니다.

⑧ i += 1은 i 값을 1씩 증가시켜 다음 단으로 이동하게 합니다. 이로 인해 2단부터 9단까지 순차적으로 구구단이 출력됩니다.

6.3 루프 제어 명령문

▶ 영상 보러가기

break 문

break 문은 반복문 내부 명령문에 break를 사용하면 반복문이 그 즉시 종료되는 명령문이다.

특정 조건이 만족되면 더 이상 반복할 필요가 없을 때 사용한다.

</> 코드 살펴보기   소스코드 T06_17.py

break 문(1)

```
for i in range(1, 5): # ①
    if i == 3: # ②
        break # ③
    print(i, end='') # ④
```

실행결과   X

12

코드 해설

① 1 이상 5 미만의 숫자를 생성하며, for 문은 이 숫자들을 i에 할당하여 반복을 실행합니다.

② if i == 3은 현재 i 값이 3인지 확인하는 조건문입니다. 만약 i가 3이라면 break 문이 실행되어 반복문이 즉시 종료됩니다.

③ break는 for 문을 즉시 종료하는 명령문입니다. 이 코드에서는 i가 3일 때 break가 실행되어, for 문이 중단됩니다.

④ print(i)는 i 값이 3이 아닌 경우에만 실행됩니다. 반복 중 i가 1과 2일 때는 print(i)가 실행되어 값을 출력하지만, i가 3이 되면 break로 인해 출력되지 않고 반복이 종료됩니다. end=''가 있으므로 줄바꿈을 하지 않아 1, 2는 한 줄에 출력됩니다.

break 문(2)

```
i=0
while i<5: # ①
  i=i+1
  if i == 3: # ②
    break # ③
  print(i, end='') # ④
```

실행결과   ✕

12

코드 해설

① i가 5 미만일 때까지 반복을 실행합니다.

② if i == 3은 현재 i 값이 3인지 확인하는 조건문입니다. 만약 i가 3이라면 break 문이 실행되어 반복문이 즉시 종료됩니다.

③ break는 while 문을 즉시 종료하는 명령문입니다. 이 코드에서는 i가 3일 때 break가 실행되어, while 문이 중단됩니다.

④ print(i)는 i 값이 3이 아닌 경우에만 실행됩니다. 반복 중 i가 1과 2일 때는 print(i)가 실행되어 값을 출력하지만, i가 3이 되면 while로 인해 출력되지 않고 반복이 종료됩니다. end=''가 있으므로 줄바꿈을 하지 않아 1, 2는 한 줄에 출력됩니다.

continue 문

continue 문은 사용되었을 때 이후 명령문을 무시하고 다음 반복을 수행하도록 하는 명령문이다.

특정 조건에서 반복문의 나머지 부분을 실행하지 않고 다음 반복으로 진행하고 싶을 때 사용한다.

continue 문(1)

```
for i in range(1, 5): # ①
  if i == 3: # ②
    continue # ③
  print(i, end='') # ④
```

실행결과   ✕

124

코드 해설

① 1 이상 5 미만의 숫자를 생성하며, for 문은 이 숫자들을 i에 할당하여 반복을 실행합니다.

② if i == 3은 현재 i 값이 3인지 확인하는 조건문입니다. i가 3이라면 continue 문이 실행됩니다.

③ continue는 현재 반복을 건너뛰고 다음 반복으로 넘어가게 하는 명령문입니다. 이 코드에서는 i가 3일 때 continue가 실행되어 print(i)를 건너뛰고 다음 반복으로 진행됩니다.

④ print(i)는 i 값이 3이 아닌 경우에만 실행됩니다. 따라서 i가 1, 2, 4일 때는 print(i)가 실행되어 값을 출력하지만, i가 3일 때는 continue에 의해 출력되지 않습니다. end=''가 있으므로 줄바꿈을 하지 않아 1, 2, 4는 한 줄에 출력됩니다.

</> 코드 살펴보기 소스코드 T06_20.py

continue 문(2)

```
i=0
while i<5: # ①
  i=i+1
  if i == 3: # ②
    continue # ③
  print(i, end='') # ④
```

> **◆ 실행결과**   ✕
>
> 1245

코드 해설

① i가 5 미만일 때까지 반복을 실행합니다.

② if i == 3은 현재 i 값이 3인지 확인하는 조건문입니다. i가 3이라면 continue 문이 실행됩니다.

③ continue는 현재 반복을 건너뛰고 다음 반복으로 넘어가게 하는 명령문입니다. 이 코드에서는 i가 3일 때 continue가 실행되어 print(i)를 건너뛰고 다음 반복으로 진행됩니다.

④ print(i)는 i 값이 3이 아닌 경우에만 실행됩니다. 따라서 i가 1, 2, 4, 5일 때는 print(i)가 실행되어 값을 출력하지만, i가 3일 때는 continue에 의해 출력되지 않습니다. end=''가 있으므로 줄바꿈을 하지 않아 1, 2, 4, 5는 한 줄에 출력됩니다.

01 0부터 입력된 숫자까지 순서대로 출력하는 코드를 작성해보자.

[입력]

> 5

> **⟨/⟩ 실행결과**   X
>
> 0
> 1
> 2
> 3
> 4
> 5

02 입력된 숫자의 구구단을 출력하는 코드를 작성해보자.

[입력]

> 6

> **⟨/⟩ 실행결과**   X
>
> 6 * 1 = 6
> 6 * 2 = 12
> ...
> 6 * 9 = 54

03 입력된 숫자부터 0까지 역순으로 출력하는 코드를 작성해보자. 이때, 0이 입력될 때까지 입력과 출력을 반복하도록 작성해보자.

[입력1]

```
2
```

◁▷ 실행결과	X
2	
1	
0	

[입력2]

```
0
```

◁▷ 실행결과	X
프로그램을 종료합니다	

04 구구단의 짝수단만 출력하는 코드를 작성해보자.

05 세 숫자를 입력받고 가장 큰 값을 출력하는 코드를 작성해보자.

[입력]

숫자1: 6

숫자2: 1

숫자3: 3

실행결과   X

가장 큰 숫자는 6입니다.

06 리스트 [1, 2, 3, 4, 5]의 모든 값을 세 배로 만들어 출력하는 코드를 작성해보자.

</> 실행결과	X

```
[3, 6, 9, 12, 15]
```

07 사용자가 입력한 문자열에서 모음(a, e, i, o, u)의 개수를 세는 코드를 작성해보자.

[입력]

```
hello
```

</> 실행결과	X

```
2
```

08 입력받은 숫자의 약수를 출력하는 코드를 작성해보자.

[입력]

```
10
```

</> 실행결과	X
1	
2	
5	
10	

09 피라미드 모양의 별을 출력하는 코드를 작성해보자.

[입력]

```
5
```

</> 실행결과	X
*	
**	
***	
****	
*****	

10 세 숫자를 입력받고 3의 배수인 수를 모두 더한 값을 출력하는 코드를 작성해보자.

[입력]

숫자1: 3

숫자2: 5

숫자3: 99

</> 실행결과   X

3의 배수 합은 102입니다.

11 값을 입력받아 N × N 크기의 배열을 출력하는 코드를 작성해보자.

[입력]

N을 입력: 4

</> 실행결과   X

1	2	3	4
5	6	7	8
9	10	11	12
13	14	15	16

마무리 실습문제 **정답**

01 소스코드 Q06_01.py

```python
num = int(input("입력: "))

i = 0
while i <= num:
    print("%d" % i)
    i=i+1
```

02 소스코드 Q06_02.py

```python
num = int(input("숫자를 입력해주세요: "))

for i in range(1,10):
    print("%d * %d = %d" % (num, i, num * i))
```

03 소스코드 Q06_03.py

```python
num = int(input("입력: "))

while num > 0:
    i = 0
    while i <= num:
        print("%d" % i)
        i = i + 1
    num = int(input("입력: "))

print("프로그램을 종료합니다")
```

04 소스코드 Q06_04.py

```python
for i in range(2, 10):
    if i % 2 == 1:
        continue
    for j in range(1, 10):
        print("%d * %d = %d" % (i, j, i*j))
```

05 소스코드 Q06_05.py

```python
num1 = int(input("숫자1: "))
num2 = int(input("숫자2: "))
num3 = int(input("숫자3: "))

nums = [num1, num2, num3]
max_num = nums[0]

for num in nums:
    if num > max_num:
        max_num = num

print("가장 큰 숫자는 %d입니다." % max_num)
```

06 소스코드 Q06_06.py

```python
x = [1, 2, 3, 4, 5]
y = [i*3 for i in x]
print(y)
```

07 소스코드 Q06_07.py

```python
x = input("입력: ")
cnt = 0
for i in x:
    for j in "aeiouAEIOU":
        if i==j:
            cnt = cnt+1

print(cnt)
```

08 소스코드 Q06_08.py

```python
num = int(input("입력: "))

for i in range(1, num + 1):
    if num % i == 0:
        print(i)
```

09 소스코드 Q06_09.py

```python
num = int(input("입력: "))

for i in range(1, num+1):
    print("*"*i)
```

10 소스코드 Q06_10.py

```python
num1 = int(input("숫자1: "))
num2 = int(input("숫자2: "))
num3 = int(input("숫자3: "))
nums = [num1, num2, num3]
mul = 0

for num in nums:
    if num % 3 == 0:
        mul = mul + num

print(f"3의 배수 합은 {mul}입니다.")
```

11 소스코드 Q06_11.py

```python
N = int(input("N을 입력하세요: "))

num = 1
for i in range(N):
    for j in range(N):
        print(f"{num:2}", end=" ")
        num += 1
    print()
```

7장

함수

함수는 프로그램을 효율적으로 만들기 위해 중요한 도구입니다. 음악 앱에서 원하는 노래를 선택하고 재생 버튼을 눌러 음악을 듣는 것처럼, 프로그래밍에서도 자주 사용되는 코드를 재사용할 수 있습니다. 재생 버튼을 누르면 원하는 노래가 자동으로 재생되듯, 함수는 반복적으로 사용되는 코드를 하나로 묶어 필요할 때마다 호출할 수 있습니다. 마치 플레이리스트를 한 번의 클릭으로 실행하듯, 함수는 복잡한 작업을 간단한 명령어로 수행합니다. 꼬물이는 파이썬을 공부하면서 여러 번 반복되는 코드를 줄이고, 코드의 재사용성을 높이기 위해 함수를 사용하는 방법을 배우기로 했습니다.

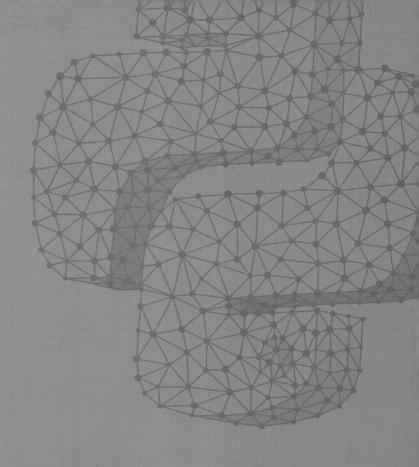

학습목표 1: def 키워드를 사용하여 자신만의 함수를 정의하고 호출하여 코드를 재사용해본다.

학습목표 2: 함수의 매개변수를 통해 데이터를 전달하고, return 문을 사용하여 계산 결과나 처리 결과를 반환해본다.

학습목표 3: 지역 변수와 전역 변수의 차이를 이해하고, 변수의 유효 범위를 고려하여 함수를 작성해본다.

7.1 함수

▶ 영상 보러가기

함수 개념

함수는 프로그래머가 직접 정의하여 사용하는 코드 블록이다.

특정 작업을 수행하는 코드 블록을 필요에 따라 반복적으로 호출할 수 있다.

함수는 코드의 재사용성을 높이고 프로그램의 구조화를 돕는 역할을 한다.

함수 문법

함수 정의

함수는 def 키워드를 사용하여 정의하며, 함수명과 괄호 안에 매개변수를 작성한 후, 코드 블록을 들여쓰기하여 작성한다.

함수를 정의하려면 def 키워드 뒤에 함수 이름을 쓰고, 괄호 안에 매개변수를 나열한 뒤에 콜론(:)을 써서 함수의 시작을 알린다.

```
def 함수이름(매개변수1, 매개변수2, …):
    # 수행할 작업을 정의하는 코드 블록
    return 반환값
```

▼ 함수 정의

구조	설명
함수이름	호출 시 사용될 이름(함수명)
매개변수	• 함수가 외부로부터 입력받는 값 • 함수 호출 시 전달된 값이 들어감
코드 블록	• 함수 호출 시 실행되는 구체적인 작업을 정의한 부분 • 함수가 수행할 작업을 들여쓰기로 구분하여 작성
반환값	• 함수는 작업을 수행한 결과를 반환할 수 있으며, 이를 위해 return 키워드를 사용함 • return을 사용하지 않으면 함수는 None을 반환

함수 호출

정의된 함수를 실제로 사용하려면 함수 이름을 써서 호출한다.

필요한 인자를 전달하며, 함수는 이 인자를 사용해 코드 블록을 실행하고, 함수 호출이 끝나면 함수는 결과를 반환하고 종료된다.

```
함수이름(인자1, 인자2, …)
```

Tip 매개변수는 함수 정의 시 설정하는 변수로, 외부 값을 받을 준비를 하는 역할을 하고, 인자는 함수 호출 시 매개변수에 전달되는 실제 값입니다.

아무 일도 하지 않는 함수

아무 동작도 하지 않는 빈 함수를 만들고 싶다면 pass 키워드를 함수 내부에 넣어 정의할 수 있다.

</> 코드 살펴보기

아무 일도 하지 않는 함수

```python
def fn(): # ①
    pass # ②


fn() # ③
print('A') # ④
```

실행결과 X

```
A
```

코드 해설

① 함수 fn을 정의합니다. 함수는 특정 작업을 수행하는 코드 블록을 모아두고, 이름(fn)을 통해 호출할 수 있도록 만듭니다.

② pass는 함수 fn 내부에 포함된 명령인데, 아무 작업도 수행하지 않습니다.

③ fn()는 정의된 함수 fn을 호출하여 실행합니다. 함수가 호출되면 함수 내부의 코드가 실행되는데, pass는 아무 일도 하지 않으므로 아무 일이 일어나지 않습니다.

④ A를 출력합니다.

Tip 함수나 나중에 배울 클래스는 블록 안에 코드가 필요합니다. pass를 사용하면 블록을 비워 둘 수 있어, 함수나 클래스의 구조만 미리 정의할 때 유용합니다.

매개변수가 없는 함수

외부로부터 값을 받지 않고, 함수 내부에서 정의된 코드만 실행하는 함수이다.

호출할 때도 빈 괄호를 사용한다.

반환값 없는 함수

함수에 반환값이 필요하지 않은 경우, 함수 내부 코드만 실행하고 값을 반환하지 않는다.

</> 코드 살펴보기
소스코드 T07_02.py

매개변수, 반환값이 없는 함수

```python
def fn(): # ①
    print("Hello Python") # ②


fn() # ③
```

⊘ 실행결과 ✕

```
Hello Python
```

코드 해설

① 함수 fn을 정의합니다. 함수는 특정 작업을 수행하는 코드 블록을 모아두고, 이름(fn)을 통해 호출할 수 있도록 만듭니다.

② print("Hello Python")은 함수 fn 내부에 포함된 명령입니다.

③ fn()는 정의된 함수 fn을 호출하여 실행합니다. 함수가 호출되면 함수 내부의 코드가 실행되며, print("Hello Python")이 출력됩니다.

반환값은 없지만 return이 있는 함수

반환값 여부와 상관없이 함수는 return을 실행하는 즉시 종료가 된다.

값을 명시적으로 반환하지 않기 때문에 None을 반환한다.

</> 코드 살펴보기　　　　　　　　　소스코드 **T07_03.py**

반환값은 없지만 return이 있는 함수

```python
def fn(): # ①
    print('Hello') # ②
    return # ③
    print('Python') # ④


print(fn()) # ⑤
```

실행결과　　　　　　　　　　　　　　　　　　　　X
```
Hello
None
```

코드 해설

① fn이라는 이름의 함수를 정의합니다.

② "Hello"라는 문자열을 출력합니다.

③ return은 함수를 즉시 종료하는 역할을 합니다. 여기서 return 뒤에 아무 값도 지정하지 않았으므로 함수는 None을 반환합니다.

④ 함수 내부에서 return 이후에 위치해 있기 때문에, 실행되지 않습니다. return이 실행되면 함수가 종료되기 때문에, 그 뒤의 코드는 무시됩니다.

⑤ fn( ) 함수를 호출하고, 그 반환값을 출력합니다. fn( ) 함수는 "Hello"를 출력하고 None을 반환하기 때문에, print(fn( ))는 반환값을 출력합니다.

반환값 있는 함수

외부 입력 없이 함수 내부에서 처리된 결과를 반환한다.

〈/〉 코드 살펴보기

매개변수는 없고, 반환값은 있는 함수

```
def fn(): # ①
    return 'Hello Python' # ②


print(fn()) # ③
```

실행결과 ✕

```
Hello Python
```

코드 해설

① 매개변수 없이 호출할 수 있는 함수 fn을 정의합니다.
② 함수가 'Hello Python' 문자열을 반환하도록 합니다. return 문은 함수의 결과값을 반환하고, 함수의 실행을 종료합니다.
③ 함수 fn()을 호출하고, 그 결과를 print로 출력합니다. fn() 호출 결과로 'Hello Python' 문자열이 반환되므로, print는 "Hello Python"을 출력하게 됩니다.

반환값이 여러 개인 함수

여러 개의 값을 튜플 형태로 반환하여 하나의 함수에서 여러 값을 반환할 수 있다.

〈/〉 코드 살펴보기

반환값이 여러 개인 함수

```
def fn(): # ①
    a = 5
    b = 3
    return a, b # ②


print(fn()) # ③
```

실행결과 ✕

```
(5, 3)
```

코드 해설

① 두 개의 값을 반환하는 함수 fn을 정의합니다.
② a와 b 값을 동시에 반환합니다. 파이썬에서는 여러 값을 반환할 때 튜플 형태로 자동 포장하여 반환하므로, 튜플 (5, 3)이 반환됩니다.
③ fn() 함수를 호출하고, 반환된 결과를 출력합니다. fn() 호출 결과는 (5, 3)이므로 출력결과는 (5, 3)입니다.

매개변수가 지정된 함수

반환값 없는 함수

함수가 외부에서 받은 값을 활용하지만, 반환값은 없다.

</> 코드 살펴보기 `소스코드 T07_06.py`

매개변수는 있고, 반환값은 없는 함수

```
def fn(x): # ①
    print(f"Hello {x}") # ②


fn('Python') # ③
```

</> 실행결과   X

```
Hello Python
```

코드 해설

① 매개변수 x를 받는 함수 fn을 정의합니다. 이 함수는 호출할 때 전달되는 인자를 x에 할당하여 사용합니다.

② f-string을 사용하여 x의 값을 문자열에 포함시켜 출력합니다. 예를 들어, x가 "Python"이면 "Hello Python"이 출력됩니다.

③ 함수 fn을 호출하며, 'Python'이라는 문자열을 인자로 전달합니다. 호출된 함수는 x에 'Python'을 할당하고, print(f"Hello {x}")를 실행하여 "Hello Python"을 출력합니다.

반환값 있는 함수

외부로부터 값을 받아서 처리한 결과를 반환한다.

</> 코드 살펴보기 `소스코드 T07_07.py`

매개변수, 반환값이 있는 함수

```
def fn(x): # ①
    return 'Hello '+x # ②


print(fn('Python')) # ③
```

</> 실행결과   X

```
Hello Python
```

코드 해설

① 매개변수 x를 받는 함수 fn을 정의합니다. 이 함수는 호출 시 전달되는 인자를 x에 할당하여 사용합니다.

② 문자열 'Hello '와 매개변수 x의 값을 문자열로 연결하여 반환합니다. x가 "Python"이면 "Hello Python"이라는 문자열이 반환됩니다.

③ 함수 fn을 호출하고, 'Python'이라는 문자열을 인자로 전달합니다. 함수 fn은 'Hello Python'이라는 문자열을 반환하고, print는 이 반환값을 출력합니다.

매개변수에 기본값 지정

기본값을 가지는 매개변수를 정의해 인자가 전달되지 않을 때 기본값을 사용하도록 한다.

함수에서 기본값이 있는 매개변수는 반드시 기본값이 없는 매개변수 뒤에 위치해야 한다.

</> 코드 살펴보기   소스코드 T07_08.py

매개변수에 기본값 지정

```
def fn(x, y=5): # ①
    return x+y # ②


print(fn(3, 3)) # ③
print(fn(3)) # ④
```

실행결과 ☓
```
6
8
```

코드 해설

① 두 개의 매개변수를 받는 함수 fn을 정의합니다. x는 필수 매개변수이고, y는 기본값으로 5를 가지며, 호출 시 두 번째 인자를 제공하지 않으면 기본값 5가 사용됩니다.

② 매개변수 x와 y의 합을 반환합니다.

③ 함수 fn을 호출하며 x=3과 y=3을 인자로 전달합니다. 함수는 3 + 3 = 6을 반환하며, print가 이를 출력합니다.

④ 함수 fn을 호출하면서 x=3만 인자로 전달합니다. 이때 y는 기본값 5가 사용되어 3 + 5 = 8을 반환하며, print가 이를 출력합니다.

매개변수에 키워드 인자 적용

키워드 인자는 함수 호출 시 매개변수의 이름을 명시하여 값을 전달하는 방법이다. 함수 정의에서 매개변수의 순서와 상관없이 값을 전달할 수 있으며, 코드의 가독성을 높이고 명확하게 값을 전달할 수 있다.

</> 코드 살펴보기

매개변수에 키워드 인자 적용

```
def fn(x, y): # ①
    return f"x는 {x}, y는 {y}" # ②


print(fn(y=3, x=2)) # ③
```

실행결과 ×

x는 2, y는 3

코드 해설

① 두 개의 매개변수 x와 y를 받는 함수 fn을 정의합니다.

② f-string을 사용하여 x와 y 값을 포함한 문자열을 반환합니다.

③ 함수 fn을 호출할 때 키워드 인자를 사용하여 y=3과 x=2를 전달합니다. 키워드 인자를 사용했기 때문에 매개변수의 순서와 상관없이 값이 할당됩니다. 즉, x=2와 y=3으로 설정됩니다. 함수는 "x는 2, y는 3"이라는 문자열을 반환하고, print가 이 결과를 출력합니다.

매개변수가 가변적인 함수

가변 위치 인자

가변 위치 인자는 함수가 호출될 때 전달받는 인자의 개수가 정해지지 않은 경우 사용할 수 있는 매개변수이다.

함수가 몇 개의 인자를 받을지 모를 때 유용하다. 예를 들어, 여러 숫자의 평균을 계산하는 함수나 여러 문자열을 연결하는 함수 등에서 활용할 수 있다.

가변 위치 인자로 전달된 값들은 함수 내부에서 튜플 형태로 저장된다.

관습적으로 *args라는 이름이 많이 사용되지만, * 뒤에 다른 이름을 사용할 수도 있다.

</> 코드 살펴보기　　　　　　　　　　　　　　　　　　소스코드 **T07_10.py**

가변 위치 인자

```
def sum(*args): # ①
    total = 0 # ②
    for num in args: # ③
        total += num # ④
    return total # ⑤


print(sum(1,2)) # ⑥
print(sum(1,2,3,4,5)) # ⑦
```

</> 실행결과　　　　　　　　　　　　　　×
```
3
15
```

코드 해설

① 가변 인자 *args를 받는 함수 sum을 정의합니다. *args는 전달된 모든 인자를 튜플 형태로 받습니다.

② 합계를 저장할 변수를 초기화하며, 처음에는 0으로 설정됩니다.

③ args에 있는 각 숫자를 순회합니다. args에는 함수 호출 시 전달된 모든 인자가 순서대로 저장되어 있습니다.

④ total에 현재 숫자 num을 더하여 합계를 누적합니다.

⑤ 모든 숫자의 합계를 반환합니다.

⑥ sum 함수를 호출하여 1과 2를 전달합니다. 함수는 1 + 2 = 3을 계산하여 반환하며, print가 이 결과를 출력합니다.

⑦ sum 함수를 호출하여 1, 2, 3, 4, 5를 전달합니다. 함수는 1 + 2 + 3 + 4 + 5 = 15를 계산하여 반환하며, print가 이 결과를 출력합니다.

가변 키워드 인자

가변 키워드 인자는 함수 호출 시 키워드 인자의 개수가 정해지지 않은 경우 사용할 수 있는 매개변수이다.

함수는 여러 개의 키워드 인자를 한 번에 받아들일 수 있으며, 함수 정의 시 매개변수 앞에 ✽✽를 붙여 사용한다.

가변 키워드 인자는 함수에 전달된 키워드 인자들을 사전 형태로 저장한다.

관습적으로 ✽✽kwargs라는 이름을 사용하지만, ✽✽ 뒤에 다른 이름을 사용할 수도 있다.

‹/› 코드 살펴보기   소스코드 T07_11.py

가변 키워드 인자

```
def x(**kwargs): # ①
    for key, value in kwargs.items(): # ②
        print(f"{key}: {value}") # ③

x(a="Alice", b="Bob", c="Charlie") # ④
```

실행결과

```
a: Alice
b: Bob
c: Charlie
```

코드 해설

① 키워드 가변 인자 **kwargs를 받는 함수 info를 정의합니다. **kwargs는 여러 개의 키워드 인자를 사전 형태로 받아서 저장하므로, 함수 호출 시 키워드 인자를 자유롭게 전달할 수 있습니다.

② kwargs 사전의 각 키와 값을 순회합니다. kwargs.items()는 키와 값을 쌍으로 반환하며, 반복문을 통해 각 키와 값이 key와 value에 순서대로 할당됩니다.

③ print(f"{key}: {value}")는 f-string을 사용하여 현재의 키와 값을 key: value 형식으로 출력합니다.

④ x 함수를 호출하며 키워드 인자 a="Apple", b="Banana", c="Cherry"를 전달합니다. **kwargs는 이 인자들을 사전 형태로 받아서 내부에서 'a'='Alice', 'b'='Bob', 'c'='Charlie'로 저장합니다. 이 사전의 각 키와 값이 print 문을 통해 출력됩니다.

Tip	**kwargs로 전달되는 키워드는 변수명처럼 문자로 시작해야 합니다. 숫자로 시작하는 키를 사용할 수 없습니다.

#한줄처리 # #map함수 #filter함수

7.2 람다 함수(익명 함수)

▶ 영상 보러가기

람다 함수 개념

람다 함수는 이름이 없는 간단한 함수를 정의하는 방법이다.

람다 함수는 lambda 키워드를 사용하여 정의하며, 주로 간단한 연산이나 처리를 한 줄로 표현할 때 유용하다.

람다 함수 문법

람다 함수의 기본 문법은 다음과 같다.

lambda 매개변수: 표현식

매개변수는 함수에 입력되는 값이며, 표현식은 그 매개변수를 사용하여 계산된 값을 반환하는 부분이다. 람다 함수는 표현식만을 포함할 수 있으며, 여러 줄의 코드 블록은 지원하지 않는다.

</> 코드 살펴보기
소스코드 T07_12.py

람다 함수

```
sum = lambda x, y: x + y # ①
print(sum(1, 2)) # ②
```

실행결과 ✕
```
3
```

코드 해설

① 람다 함수를 사용하여 sum이라는 이름의 함수를 정의합니다. 이 람다 함수는 두 개의 매개변수 x와 y를 받아 x + y의 값을 반환합니다. 람다 함수는 짧은 함수를 간단하게 정의할 때 사용되며, 함수 이름 없이도 사용할 수 있습니다.

② sum 함수를 호출하면서 x=1, y=2를 전달합니다. 함수는 1 + 2 = 3을 계산하여 반환하고, print가 이 결과를 출력합니다.

람다 함수와 함께 사용하는 함수

익명 함수는 다른 함수의 인자로 전달할 때 유용하다.

주로 map(), filter(), sorted() 같은 함수에 간단한 로직을 전달할 때 사용된다.

map 함수

map 함수는 리스트나 튜플과 같은 반복 가능한(iterable) 객체의 각 요소에 대해 지정된 함수를 적용하여 새로운 값을 생성할 때 사용하는 함수이다.

```
map(함수, 반복 가능한 객체)
```

함수는 각 요소에 적용할 함수이고, 반복 가능한 객체는 리스트, 튜플, 문자열 등과 같은 반복 가능한 자료형이다.

</> 코드 살펴보기 · 소스코드 T07_13.py

map 함수

```
x = [1, 2, 3, 4] # ①
y = list(map(lambda a: a + 2, x)) # ②
print(y) # ③
```

실행결과 ✕

[3, 4, 5, 6]

코드 해설

① x 변수에 리스트 [1, 2, 3, 4]를 저장합니다.

② map 함수와 람다 함수를 사용하여 리스트 x의 각 요소에 2를 더한 새로운 리스트 y를 만듭니다. lambda a: a + 2는 람다 함수로, 각 요소 a에 2를 더한 값을 반환합니다. map(lambda a: a + 2, x)는 x의 각 요소에 대해 람다 함수를 적용하여 새로운 값을 생성합니다. list(map(...))는 map 함수에서 생성된 값을 리스트로 변환하여 y에 저장합니다.

③ 리스트 y의 값을 출력합니다. 이 결과로 x의 각 요소에 2가 더해진 값들이 리스트로 출력됩니다.

filter 함수

filter 함수는 지정된 조건에 맞는 요소들만 걸러내어 반환하는 함수이다.

```
filter(함수, 반복 가능한 객체)
```

함수는 각 요소에 대해 조건을 확인하는 함수로, 요소를 입력받아 True 또는 False를 반환하는 함수이고, 반복 가능한 객체는 리스트, 튜플, 문자열 등과 같은 반복 가능한 자료형이다.

〈/〉 코드 살펴보기   소스코드 T07_14.py

filter 함수

```
x = [1, 2, 3, 4, 5, 6] # ①
y = list(filter(lambda a: a % 2 == 0, x)) # ②
print(y) # ③
```

실행결과   ✕

```
[2, 4, 6]
```

코드 해설

① 리스트 [1, 2, 3, 4, 5, 6]을 변수 x에 저장합니다.

② filter 함수와 람다 함수를 사용하여 리스트 x의 짝수 요소만 걸러낸 리스트 y를 만듭니다. lambda a: a % 2 == 0은 짝수 조건을 지정한 람다 함수로, 리스트 x의 각 요소가 짝수인지 확인하고, 참인 값만 남깁니다.

③ y의 값을 출력합니다. 결과는 x의 요소 중 짝수인 값들만 포함된 리스트입니다.

sorted 함수

sorted 함수는 리스트를 정렬할 때 사용하며, 람다 함수를 통해 정렬 기준을 지정하는 함수이다.

> sorted(반복 가능한 객체, key=기준함수, reverse=논리형)

key는 각 요소를 정렬할 기준이 되는 함수이다.

reverse는 True일 경우 내림차순으로 정렬하며, 기본값은 False로 오름차순 정렬이다.

</> 코드 살펴보기

소스코드 **T07_15.py**

sorted 함수

```
x = ["Apple", "Blueberry", "Cranberry", "Durian"] # ①
y = sorted(x, key=lambda a: len(a)) # ②
print(y) # ③
```

실행결과   X

['Apple', 'Durian', 'Blueberry', 'Cranberry']

코드 해설

① x 변수에 리스트 ["Apple", "Blueberry", "Cranberry", "Durian"]을 저장합니다.

② sorted 함수와 람다 함수를 사용하여 리스트 x의 문자열을 길이에 따라 정렬하여 새로운 리스트 y를 만듭니다. sorted(x, key=lambda a: len(a))에서 key 매개변수는 정렬 기준을 지정합니다. lambda a: len(a)는 람다 함수로, 각 문자열 a의 길이(len(a))를 반환하여 이를 기준으로 정렬합니다. sorted 함수는 리스트 x의 요소를 길이 순서로 정렬한 새로운 리스트를 반환하고, 이 결과가 y에 저장됩니다.

③ 리스트 y의 값을 출력합니다. 리스트는 문자열 길이에 따라 정렬된 상태로 출력됩니다.

7.3 재귀 함수

▶ 영상 보러가기

재귀 함수 개념

재귀 함수(재귀 호출)는 자신을 호출하는 함수이다.

함수 내부에서 그 함수 자신을 다시 호출하는 방식으로 문제를 해결한다.

재귀 함수는 주로 하나의 문제를 작은 단위로 나누어, 동일한 해결 방식을 반복적으로 적용하는 문제 해결 방법에 사용된다.

재귀 함수에는 반드시 종료 조건이 필요하다. 이 종료 조건이 없으면 함수는 무한히 자신을 호출하게 되어 스택 오버플로우(stack overflow) 오류가 발생하고 프로그램이 비정상적으로 종료된다.

</> 코드 살펴보기   소스코드 T07_16.py

재귀 함수

```python
def factorial(n): # ①
    if n == 1: # ②
        return 1 # ③
    else: # ④
        return n * factorial(n - 1) # ⑤

print(factorial(5)) # ⑥
```

실행결과   ×

120

코드 해설

① 매개변수 n을 받는 함수 factorial을 정의합니다. 이 함수는 재귀적으로 호출되어 n의 팩토리얼을 계산합니다.

② 종료 조건을 설정합니다. n이 1이 되면 더 이상 재귀 호출을 하지 않고 1을 반환합니다. 종료 조건이 없으면 함수가 무한히 호출될 수 있기 때문에 재귀 함수에서 반드시 필요합니다.

③ n이 1일 때 함수가 1을 반환하게 합니다. 이는 재귀 호출의 종료를 의미합니다.

④ n이 1이 아닌 경우에 실행할 코드를 포함합니다.

⑤ 재귀 호출을 통해 팩토리얼을 계산하는 부분으로 factorial(n)은 n에 factorial(n − 1)을 곱하여 반환합니다.

⑥ print(factorial(5))는 factorial(5)를 호출하고, 그 결과를 출력합니다. factorial(5)를 호출하면 5 * factorial(4)를 계산하고, factorial(4)는 4 * factorial(3)을 계산하는 방식으로 n이 1에 도달할 때까지 계속됩니다. 최종적으로 모든 재귀 호출이 완료되면 5 * 4 * 3 * 2 * 1 = 120이 반환되어 120을 출력합니다.

01 함수를 이용하여 구구단을 출력하는 코드를 작성해보자.

[입력]

```
10
```

⟨/⟩ 실행결과   ✕

```
10 * 1 = 10
10 * 2 = 20
10 * 3 = 30
10 * 4 = 40
10 * 5 = 50
10 * 6 = 60
10 * 7 = 70
10 * 8 = 80
10 * 9 = 90
```

02 함수를 이용해 주어진 숫자가 홀수인지 짝수인지 출력하는 코드를 작성해보자.

[입력]

```
10
```

⟨/⟩ 실행결과   ✕

```
짝수
```

03 함수를 이용해 두 문자열을 입력받아, 길이가 긴 문자열을 출력하는 코드를 작성해보자. (문자열의 길이가 같을 경우 입력1의 문자열을 출력)

[입력]

입력1: cherry

입력2: python

⟨⟩ 실행결과	×
cherry	

04 익명 함수를 이용하여 [1, 2, 3, 4, 5, 6] 리스트에서 짝수만 필터링하는 코드를 작성해보자.

⟨⟩ 실행결과	×
[1, 3, 5]	

05 함수를 이용해 피보나치 수열의 N번째 수를 반환하는 코드를 작성해보자. (피보나치 수열이란 첫 번째와 두 번째 수가 1과 1이고, 세 번째 수부터는 바로 앞의 두 수를 더한 수로 이루어지는 수열)

[피보나치 수열]

```
1 1 2 3 5 8 13 21 34 55 89 ⋯
```

[입력]

```
4
```

◁/▷ 실행결과   X

```
3
```

06 함수를 이용해 사용자에게 연도를 입력받아, 해당 연도가 윤년이면 "True"로, 그렇지 않으면 "False"로 출력하는 코드를 작성해보자. (연도가 4로 나누어떨어지면 윤년이지만 100으로 나누어떨어지면 윤년이 아니고, 400으로 나누어떨어지면 윤년)

[입력]

```
2000
```

◁/▷ 실행결과   X

```
True
```

07 함수를 이용해 사용자의 키(미터 단위)와 몸무게(킬로그램 단위)를 입력받아 건강 상태를 출력하는 코드를 작성해보자.

[건강 상태]

BMI 공식: BMI = 몸무게(kg) / 키(m)^2

BMI < 18.5: 저체중

18.5 ≤ BMI < 24.9: 정상 체중

25 ≤ BMI < 29.9: 과체중

BMI ≥ 30: 비만

[입력]

키(미터): 1.78
몸무게(킬로그램): 80

◈ 실행결과   X

과체중

---

01 소스코드 Q07_01.py

```
def fn(num):
    for i in range(1,10):
        print(f"{num} * {i} = {num * i}")

fn(int(input("입력: ")))
```

02 소스코드 Q07_02.py

```
def fn(num):
    return num % 2 == 0

if fn(int(input("입력: "))):
    print("짝수")
else:
    print("홀수")
```

03 소스코드 Q07_03.py

```
def fn(s1, s2):
    return s1 if len(s1) >= len(s2) else s2

x=input("입력1: ")
y=input("입력2: ")
print(fn(x, y))
```

04 소스코드 Q07_04.py

```python
print(list(filter(lambda x: x % 2, [1,2,3,4,5,6])))
```

05 소스코드 Q07_05.py

```python
def fn(num):
    if num == 1 or num == 2:
        return 1
    else:
        n1, n2 = 1, 1
        n3 = 0
        for i in range(3, num+1):
            n3 = n1 + n2
            n1 = n2
            n2 = n3
        return n3

print(fn(int(input("입력: "))))
```

06 소스코드 Q07_06.py

```python
def fn(year)
    return (year % 4 == 0 and year % 100 != 0) or (year % 400 == 0)

year = int(input("연도: "))
print(fn(year))
```

```
def fn(height, weight):
    bmi = weight / (height ** 2)
    if bmi < 18.5:
        status = "저체중"
    elif bmi < 24.9:
        status = "정상 체중"
    elif bmi < 29.9:
        status = "과체중"
    else:
        status = "비만"
    return status

height = float(input("키(미터): "))
weight = float(input("몸무게(킬로그램): "))
print(fn(height, weight))
```

8장

클래스

객체지향 프로그래밍은 현실 세계의 개념을 프로그램으로 표현하는 방법입니다. 꼬물이는 파이썬에서 클래스와 객체를 사용하여 현실 세계의 사물들을 프로그램 속에서 구현하는 방법을 배우기로 했습니다. 이를 통해 꼬물이는 자동차나 사람 같은 사물의 특성과 행동을 클래스와 객체로 표현하는 법을 익히고자 합니다. 이 장에서는 객체지향 프로그래밍의 기본 개념과 파이썬에서 클래스를 정의하고 객체를 생성하는 방법을 꼬물이와 함께 알아보도록 하겠습니다.

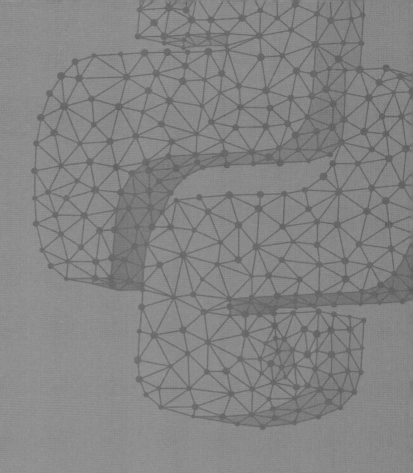

무엇을 배워볼까요?

학습목표 1: class 키워드를 사용하여 자신만의 클래스를 정의하고 객체를 생성하여 활용해본다.

학습목표 2: 클래스 내에 속성(데이터)과 메서드(기능)를 정의하고, 객체를 통해 접근하고 호출해본다.

학습목표 3: 객체 지향 프로그래밍의 기본적인 개념을 이해하고, 클래스를 활용하여 코드를 구조화해본다.

8.1 클래스

▶ 영상 보러가기

클래스의 기본 구조는 객체지향 프로그래밍입니다.

클래스 개념

클래스(Class)는 같은 특성을 가진 객체들을 정의하는 틀이다.

클래스는 특정 대상이나 개념을 코드로 표현하며, 그 대상이 어떤 속성을 가지는지, 그리고 어떤 행동을 할 수 있는지를 미리 정의한다.

클래스를 정의하는 것은 하나의 "틀"을 만드는 과정이다. 이 틀을 바탕으로 여러 개의 객체를 만들 수 있다.

메서드만 있는 클래스

```
class 클래스이름: # ①
    def 메서드이름(self): # ②
        # 메서드 기능을 정의하는 코드


변수 = 클래스이름() # ③
변수.메서드이름() # ④
```

① class 키워드를 사용해 클래스를 정의한다.

② 클래스 내에 def 키워드를 사용해 메서드(Method)를 정의한다. 메서드이름은 클래스 내에서 동작하는 함수의 이름으로, self라는 매개변수를 첫 번째로 받는다. self는 클래스의 인스턴스를 참조하는 매개변수로, 메서드 내에서 인스턴스의 속성이나 다른 메서드에 접근할 수 있게 한다.

③ 클래스이름()을 호출하여 해당 클래스의 인스턴스를 생성하고, 이를 변수에 저장한다. 이 변수는 클래스의 인스턴스를 가리키며, 이 변수를 통해 클래스의 메서드와 속성에 접근할 수 있다.

④ 생성한 인스턴스 변수를 통해 메서드이름()을 호출한다.

> **Tip** 클래스는 관련된 데이터(속성)와 기능(메서드)을 하나로 묶은 형태입니다. 클래스 내의 변수를 속성(Attribute)이라고 부르고, 클래스 내의 함수를 메서드(Method)라고 부릅니다. 이를 통해 현실 세계의 개체를 프로그램 내에서 표현할 수 있습니다.

</> 코드 살펴보기　　　　　　　　　　　　　　　　소스코드 T08_01.py

클래스(1)

```python
class AddClass: # ①
    def add(self, x, y): # ②
        print(x+y) # ③


a = AddClass() # ④
a.add(5, 3) # ⑤
```

</> 실행결과　　　　　　　　　　　X

8

코드 해설

① AddClass라는 클래스를 정의합니다. 이 클래스는 두 숫자를 더하는 메서드를 포함합니다.

② AddClass 클래스 내에 add라는 메서드를 정의합니다. 이 메서드는 세 개의 매개변수를 받습니다. self는 클래스의 인스턴스를 참조하는 매개변수로, 파이썬에서 클래스 메서드 정의 시 첫 번째 매개변수로 항상 사용됩니다. x, y는 두 개의 숫자를 더할 매개변수입니다.

③ x와 y를 더한 결과를 출력합니다.

④ AddClass 클래스의 인스턴스 a를 생성합니다.

⑤ a 인스턴스의 add 메서드를 호출하며, x와 y에 각각 5와 3을 전달합니다. add 메서드는 두 값을 더한 8을 출력합니다.

클래스(2)

```python
class AddSubClass: # ①
    def add(self, x, y): # ②
        print(x+y) # ③
    def sub(self, x, y): # ④
        return x-y # ⑤


a = AddSubClass() # ⑥
a.add(5, 3) # ⑦

b = a.sub(5, 3) # ⑧
print(b) # ⑨
```

실행결과
```
8
2
```

코드 해설

① AddSubClass라는 클래스를 정의합니다. 이 클래스는 두 개의 메서드(add, sub)를 포함하고 있으며, 각각 덧셈과 뺄셈 기능을 수행합니다.

② add라는 메서드를 정의합니다. 이 메서드는 self, x, y라는 매개변수를 받습니다. self는 인스턴스를 참조하기 위한 매개변수이며, x와 y는 덧셈에 사용될 숫자들입니다.

③ x와 y를 더한 값을 출력합니다. add 메서드는 반환값 없이 결과만 출력합니다.

④ sub라는 메서드를 정의합니다. 이 메서드도 self, x, y를 매개변수로 받습니다.

⑤ x에서 y를 뺀 값을 반환합니다. sub 메서드는 반환값을 사용해 뺄셈 결과를 호출한 곳으로 전달합니다.

⑥ AddSubClass 클래스의 인스턴스 a를 생성합니다. 이제 a를 통해 AddSubClass의 메서드를 사용할 수 있습니다.

⑦ add 메서드를 호출하며 x=5와 y=3을 전달합니다. add 메서드는 5 + 3 = 8을 계산하고, 8을 출력합니다.

⑧ sub 메서드를 호출하며 x=5와 y=3을 전달합니다. sub 메서드는 5 − 3 = 2를 계산하고, 그 결과를 반환하여 b에 저장합니다.

⑨ sub 메서드의 반환값인 2를 출력합니다.

메서드와 속성이 있는 클래스

속성은 클래스의 객체가 가지는 데이터로, 객체의 상태를 나타낸다.

__init__ 메서드는 생성자(Constructor)라고도 하며, 객체가 생성될 때 자동으로 호출된다.

속성은 일반적으로 __init__ 메서드 내에서 self.속성명 형태로 정의한다.

self는 생성된 객체 자신을 참조하며, 속성이나 메서드에 접근할 때 사용된다.

```
class 클래스이름:
    속성=초기값
    def 메서드이름(self)
        # 메서드 기능을 정의하는 코드
```

</> 코드 살펴보기
소스코드 T08_03.py

매개변수는 없고, 반환값은 있는 함수

```
class BankAccount: # ①
    balance = 0 # ②
    def _init_(self, balance=0): # ③
        self.balance = balance
    def deposit(self, amount): # ④
        self.balance += amount
    def withdraw(self, amount): # ⑤
        self.balance -= amount
    def show(self): # ⑥
        return self.balance


x = BankAccount(1000) # ⑦
print(x.show( )) # ⑧


x.withdraw(500) # ⑨
print(x.show( )) # ⑩


x.deposit(200) # ⑪
print(x.show()) # ⑫
```

```
</> 실행결과                          X
1000
500
700
```

코드 해설

① BankAccount라는 클래스를 정의합니다. 이 클래스는 은행 계좌와 관련된 속성과 기능(잔액 확인, 입금, 출금)을 가지고 있습니다.

② 클래스에서 사용할 속성 balance를 0으로 초기화합니다.

③ __init__ 메서드는 생성자 메서드로, BankAccount 클래스의 인스턴스를 생성할 때 초기 설정을 담당합니다. balance는 계좌의 초기 잔액을 나타내며, 기본값은 0으로 설정됩니다. 전달받은 balance 값을 인스턴스 변수 self.balance에 저장하여 계좌의 잔액을 초기화합니다.

④ deposit 메서드는 입금을 처리하는 메서드입니다.
amount는 입금할 금액을 의미하며, 이 금액이 self.balance에 더해져 잔액이 업데이트됩니다.

⑤ withdraw 메서드는 출금을 처리하는 메서드입니다.
amount는 출금할 금액으로, self.balance에서 이 금액만큼을 차감하여 잔액이 업데이트됩니다.

⑥ show 메서드는 현재 잔액을 반환하는 메서드입니다.
return self.balance는 현재 self.balance 값을 반환하여 계좌의 잔액을 확인할 수 있게 합니다.

⑦ BankAccount 클래스의 인스턴스 x를 생성하며, 초기 잔액 1000을 설정합니다. 따라서 x.balance의 초기값은 1000이 됩니다.

⑧ x.show()를 호출하여 현재 잔액을 출력합니다. 이때 x.balance는 1000이므로, 출력결과는 1000이 됩니다.

⑨ x 인스턴스의 withdraw 메서드를 호출하여 500을 출금합니다. 이제 x.balance는 1000 − 500 = 500으로 업데이트됩니다.

⑩ 다시 x.show()를 호출하여 현재 잔액을 출력합니다. 현재 잔액은 500이므로, 출력결과는 500이 됩니다.

⑪ x 인스턴스의 deposit 메서드를 호출하여 200을 입금합니다. 이제 x.balance는 500 + 200 = 700으로 업데이트됩니다.

⑫ 다시 x.show( )를 호출하여 현재 잔액을 출력합니다. 현재 잔액은 700이므로, 출력결과는 700이 됩니다.

Tip | __init__ 메서드는 클래스가 만들어지면서 실행합니다. BankAccount 클래스가 있을 때 BankAccount(1000)으로 BankAccount 클래스의 인스턴스를 생성할 때 자동으로 __init__ 메서드가 호출됩니다. 이 생성자 메서드는 객체의 초기 상태를 설정하는 역할을 합니다.

#부모클래스 #자식클래스 #오버라이딩

8.2 상속

▶ 영상 보러가기

상속 개념

클래스 상속(Inheritance)은 기존 클래스의 속성과 메서드를 그대로 물려받아 새로운 클래스를 생성하는 방식이다.

상속을 통해 코드 재사용성을 높이고, 계층적인 관계를 표현할 수 있다.

상속 문법

```
class 부모클래스:
    # 부모 클래스의 메서드와 속성
class 자식클래스(부모클래스):
    # 자식 클래스의 메서드와 속성
```

상속에 사용되는 클래스에는 부모 클래스, 자식 클래스가 있다.

종류	설명
부모 클래스	속성과 메서드를 자식 클래스에게 물려주는 클래스 = 기초 클래스, 슈퍼 클래스
자식 클래스	부모 클래스의 속성과 메서드를 상속받는 클래스 = 파생 클래스, 서브 클래스

상속

```python
class A: # ①
  def fn1(self): # ②
    print('AAA')


class B(A): # ③
  def fn2(self): # ④
    print('BBB')


x = B() # ⑤
x.fn1() # ⑥
x.fn2() # ⑦
```

실행결과   ✕

```
AAA
BBB
```

코드 해설

① A라는 부모 클래스를 정의합니다. 이 클래스는 모든 동물의 공통적인 특성을 정의하기 위해 사용됩니다.

② A 클래스의 fn1 메서드를 정의합니다. 이 메서드는 AAA를 출력합니다.

③ B라는 자식 클래스를 정의하며, A 클래스를 상속받습니다. 이렇게 하면 B 클래스는 A 클래스의 속성과 메서드를 물려받아 사용할 수 있습니다.

④ B 클래스에 fn2라는 새로운 메서드를 정의합니다. 이 메서드는 BBB를 출력합니다.

⑤ B 클래스의 인스턴스 x를 생성합니다. 이 인스턴스는 B 클래스의 메서드뿐 아니라, A 클래스에서 상속받은 메서드도 사용할 수 있습니다.

⑥ x 인스턴스에서 fn1 메서드를 호출합니다. fn1 메서드는 A 클래스에서 상속받은 메서드로 AAA를 출력합니다.

⑦ x 인스턴스에서 fn2 메서드를 호출합니다. fn2 메서드는 B 클래스에 정의된 메서드로 BBB를 출력합니다.

오버라이딩

오버라이딩(Overriding)은 부모 클래스에서 정의된 메서드를 자식 클래스에서 재정의하는 방식이다.

자식 클래스에서 부모 클래스의 메서드를 동일한 이름으로 다시 정의하여, 부모 클래스와는 다른 동작을 하도록 할 수 있다.

코드 살펴보기   소스코드 T08_05.py

오버라이딩

```python
class A: # ①
  def fn(self): # ②
    print('AAA')

class B(A): # ③
  def fn(self): # ④
    print('BBB')

x = B() # ⑤
x.fn() # ⑥
```

실행결과

```
BBB
```

코드 해설

① A이라는 부모 클래스를 정의합니다.

② A 클래스에 fn 메서드를 정의합니다. 이 메서드는 AAA를 출력합니다.

③ B라는 자식 클래스를 정의하며, A 클래스를 상속받습니다. 이렇게 하면 B 클래스는 A 클래스의 메서드를 물려받아 사용할 수 있습니다.

④ B 클래스에서 fn 메서드를 오버라이딩합니다. 부모 클래스인 A 클래스의 fn 메서드를 덮어씌워서 B 클래스에서만 사용할 fn 메서드를 새롭게 정의합니다. 이 메서드는 BBB를 출력합니다.

⑤ B 클래스의 인스턴스 B를 생성합니다.

⑥ B 인스턴스에서 fn 메서드를 호출합니다. 이때 B 클래스의 fn 메서드가 A 클래스의 메서드를 오버라이딩하였으므로, x.fn()는 B 클래스의 fn 메서드를 실행하여 BBB를 출력합니다.

01 이름, 생년월일, 학교, 학년 정보를 가지는 학생 클래스를 선언하고 3명의 학생을 객체로 만든 뒤 출력하는 코드를 작성해보자.

◆/▷ 실행결과   X

김파이 / 2008-05-12 / 코딩중학교 / 3학년
박선 / 2009-09-22 / 코딩중학교 / 2학년
오이지 / 2007-03-01 / 코딩고등학교 / 1학년

---

02 직사각형의 면적을 계산하는 Rectangle 클래스를 작성하는 코드를 작성해보자.

[조건]

클래스명: Rectangle
init 메서드: width, height 값 초기화
area: 면적 계산

[입력]

가로: 3
세로: 4

◆/▷ 실행결과   X

12

---

03 삼각형의 면적을 계산하는 Triangle 클래스를 작성하는 코드를 작성해보자.

[조건]

클래스명: Triangle

__init__ 메서드: base, height 값 초기화

area: 면적 계산

[입력]

밑변: 3

높이: 4

🔘 실행결과	X
6.0	

04 은행 계좌를 나타내는 BankAccount 클래스를 작성하고, 입금과 출금을 처리하는 메서드를 추가하시오. (500원 입금하고 잔액 조회를 한 후에, 300원 출금하고 잔액 조회)

[조건]

클래스명: BankAccount

deposit: 입금(금액을 매개변수로 받음)

withdraw: 출금(금액을 매개변수로 받음)

show_balance: 잔액 조회

실행결과 ⟨/⟩   X

잔액: 500원

잔액: 300원

---

05 직원을 관리하는 EmployeeManager 클래스를 작성하는 코드를 작성해보자. (A 과장, B 차장을 추가한 후에 직원 목록을 조회하고, A 과장을 삭제한 후에 직원 목록을 조회하고, B를 검색)

[조건]

클래스명: EmployeeManager

add_employee: 직원을 추가(이름, 직책을 매개변수로 받음)

remove_employee: 직원을 삭제(이름을 매개변수로 받음)

search_employee: 직원을 검색(이름을 매개변수로 받음)

show_employee: 직원 목록을 조회

◑ 실행결과   X

직원 목록: [{'name': 'A', 'position': '과장'}, {'name': 'B', 'position': '차장'}]

직원 목록: [{'name': 'B', 'position': '차장'}]

직원 검색: {'name': 'B', 'position': '차장'}

01 소스코드 Q08_01.py

```python
class Student:
    def __init__(self, name, birthday, school, grade):
        self.name = name
        self.birthday= birthday
        self.school = school
        self.grade = grade

    def info(self):
        print("%s / %s / %s / %d학년" % (self.name, self.birthday, self.school, self.grade))

s1 = Student("김파이", "2008-05-12", "코딩중학교", 3)
s2 = Student("박선", "2009-09-22", "코딩중학교", 2)
s3 = Student("오이지", "2007-03-01", "코딩고등학교", 1)

s1.info()
s2.info()
s3.info()
```

02 소스코드 Q08_02.py

```python
class Rectangle:
    def __init__(self, width, height):
        self.width = width
        self.height = height
    def area(self):
        return self.width * self.height

x = int(input("가로: "))
y = int(input("세로: "))
r = Rectangle(x, y)
print(r.area())
```

03 소스코드 `Q08_03.py`

```python
class Triangle:
    def __init__(self, base, height):
        self.base = base
        self.height = height
    def area(self):
        return (self.base * self.height) / 2

x = int(input("밑변: "))
y = int(input("높이: "))
t = Triangle(x, y)
print(t.area())
```

```python
class BankAccount:
    def __init__(self, balance=0):
        self.balance = balance
    def deposit(self, amount):
        self.balance += amount
    def withdraw(self, amount):
        if amount > self.balance:
            print("잔액 부족")
        else:
            self.balance -= amount
    def show_balance(self):
        print(f"잔액: {self.balance}원")

account = BankAccount(0)
account.deposit(500)
account.show_balance()
account.withdraw(200)
account.show_balance()
```

```python
class EmployeeManager:
    def __init__(self):
        self.employees = []
    def add_employee(self, name, position):
        self.employees.append({"name": name, "position": position})
    def remove_employee(self, name):
        self.employees = [e for e in self.employees if e["name"] != name]
    def search_employee(self, name):
        for e in self.employees:
            if e["name"] == name:
                return e
        return "직원을 찾을 수 없습니다."
    def show_employee(self):
        return self.employees


m = EmployeeManager()
m.add_employee("A", "과장")
m.add_employee("B", "차장")
print("직원 목록:", m.show_employee())
m.remove_employee("A")
print("직원 목록:", m.show_employee())
print("직원 검색:", m.search_employee("B"))
```

9장

예외 처리

프로그래밍을 하다 보면 예상치 못한 오류가 발생하기 마련입니다. 꼬물이는 파일을 찾을 수 없거나 잘못된 입력이 들어왔을 때 프로그램이 멈추지 않고 계속 실행되도록 하는 방법을 배우기로 했습니다. 이러한 예외 처리는 프로그램의 안정성을 높이고, 사용자에게 보다 나은 경험을 제공하는 데 중요합니다. 이 장에서는 예외 처리의 개념과 파이썬에서 예외를 처리하는 방법을 꼬물이와 함께 학습해 봅시다.

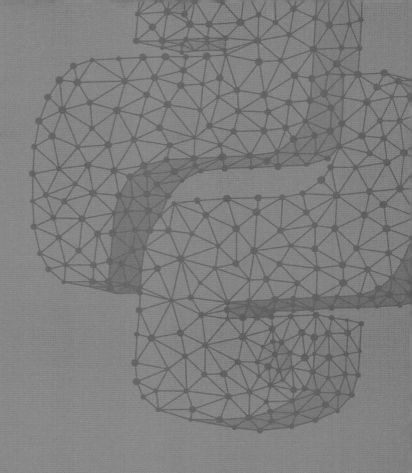

무엇을 배워볼까요?

학습목표 1: try와 except 구문을 사용하여 프로그램 실행 중 발생할 수 있는 오류를 처리해본다.

학습목표 2: 특정 예외가 발생했을 때 적절한 오류 메시지를 출력하거나, 오류를 무시하고 계속 진행하도록 처리해본다.

학습목표 3: 예외 처리를 통해 프로그램의 안정성을 높이고, 사용자에게 더 나은 경험을 제공해본다.

#오류발생 #프로그램중단 #ZeroDivisionError

9.1 오류

▶ 영상 보러가기

오류 발생

오류가 발생하면 프로그램은 즉시 중단된다.

이러한 상황에서 오류를 처리하기 위해 예외 처리를 사용한다.

</> 코드 살펴보기 소스코드 **T09_01.py**

오류 발생

```
x = 7 / 0 # ①
```

실행결과 ✕

```
Traceback (most recent call last):
  File "<pyshell#1>", line 1, in <module>
    7/0
ZeroDivisionError: division by zero
```

코드 해설

① 7을 0으로 나누는 작업을 수행하려고 합니다. 0으로 나누는 것은 허용되지 않기 때문에, ZeroDivisionError 예외
가 발생하여 프로그램이 중단됩니다. division by zero는 숫자 0으로 나눌 수 없다는 것을 의미하고, Traceback
은 오류가 발생한 위치와 원인을 보여주는 정보입니다. 이 메시지는 오류가 발생한 코드의 위치와 원인을 설명
해줍니다.

9.2 예외 처리

▶ 영상 보러가기

예외 처리 개념

예외 처리는 프로그램 실행 중 발생할 수 있는 오류를 제어하고, 예외 상황에 대한 대처를 미리 정의해 프로그램이 갑자기(비정상적으로) 중단되지 않도록 하는 방법이다.

예외 처리를 통해 프로그램이 오류 상황에서도 안정적으로 동작하도록 한다.

예외 처리 문법

```
try:
    # 예외가 발생할 가능성이 있는 코드
except 예외종류:
    # 예외 발생 시 처리할 코드
else:
    # 예외가 발생하지 않았을 때 실행할 코드
finally:
    # 예외 발생 여부와 상관없이 항상 실행할 코드
```

try는 예외가 발생할 가능성이 있는 코드를 작성하는 블록이다.

except는 try 블록에서 예외가 발생했을 때 실행할 코드를 정의하는 블록이다. 예외 종류를 지정해 특정 예외에 대해 다른 처리를 할 수 있다.

else는 예외가 발생하지 않았을 때 실행되는 코드이다.

finally는 예외 발생 여부와 상관없이 항상 실행되는 코드이다. 주로 리소스를 해제하거나 파일을 닫는 등의 작업에 사용된다.

try ~ except

try 블록에는 오류가 발생할 수 있는 코드를 작성하고, except 블록에는 해당 오류를 처리하는 코드를 작성한다.

try 블록에서 예외가 발생하면 해당 코드의 실행이 즉시 중단되고, 발생한 예외에 대한 except 블록이 실행된다. 예외가 발생하지 않으면 except 블록은 실행되지 않는다.

</> 코드 살펴보기

소스코드 **T09_02.py**

try~except

```
try: # ①
    x = 7/0 # ②
    print(x) # ③
except ZeroDivisionError: # ④
    print("예외 처리") # ⑤
```

</> 실행결과   X

예외 처리

코드 해설

① 예외 처리를 위한 블록을 시작합니다. try 블록 내부에서 예외가 발생할 가능성이 있는 코드를 작성합니다.

② 7을 0으로 나누려고 시도하는 코드입니다. 0으로 나누는 연산은 허용되지 않으므로 ZeroDivisionError 예외가 발생합니다.

③ try 블록의 다음 줄이지만, 예외가 발생했기 때문에 실행되지 않습니다. try 블록에서 예외가 발생하면 그 즉시 except 블록으로 넘어가기 때문에 이 코드는 무시됩니다.

④ 7/0에 의해 try 블록에서 ZeroDivisionError가 발생하여 except 블록이 실행되며, 프로그램이 중단되지 않고 예외 처리가 진행됩니다.

⑤ except 블록에 포함된 코드로, ZeroDivisionError 예외가 발생했으므로 "예외 처리"를 출력합니다.

> **Tip** 대부분의 예외 처리는 try와 except 블록만으로 충분히 처리할 수 있으며, 간단한 코드를 작성할 때는 else 구문을 생략하는 경우가 많습니다.

try ~ except ~ else

예외가 발생하지 않은 경우에만 else 블록이 실행된다.

예외가 발생하면 except 블록이 실행되고, 예외가 발생하지 않으면 else 블록이 실행된다.

</> 코드 살펴보기

try ~ except ~ else

```
try: # ①
    x = 7/3 # ②
except ZeroDivisionError: # ③
    print("예외 처리")
else : # ④
    print(x)
```

실행결과 ✕

2.3333333333333335

코드 해설

① 예외 처리를 위한 블록을 시작합니다. try 블록 내부에서 예외가 발생할 가능성이 있는 코드를 작성합니다.

② 7을 3으로 나누는 연산을 수행합니다. 이 연산은 정상적으로 실행되며, ZeroDivisionError 예외가 발생하지 않습니다. 결과 값인 2.333...이 x에 할당됩니다.

③ ZeroDivisionError 예외가 발생했을 때 실행할 코드를 정의합니다. 하지만 7/3 연산은 예외 없이 정상적으로 수행되었기 때문에, 이 블록은 실행되지 않습니다.

④ try 블록에서 예외가 발생하지 않은 경우 실행되는 코드입니다. 여기서는 print(x)가 실행되며, x의 값인 2.333...이 출력됩니다.

try ~ except ~ finally

finally 블록은 예외 발생 여부와 상관없이 항상 마지막에 실행된다.

</> 코드 살펴보기

try ~ except ~ finally

```
try: # ①
    x = 7/0 # ②
except ZeroDivisionError: # ③
    print("예외 처리")
finally : # ④
    print("무조건 실행")
```

실행결과 ✕

예외 처리
무조건 실행

코드 해설

① 예외 처리를 위한 블록을 시작합니다. try 블록 내부에 예외가 발생할 가능성이 있는 코드를 작성합니다.

② 7을 0으로 나누려고 시도하는 코드입니다. 0으로 나누는 연산은 허용되지 않기 때문에, 이 줄에서 ZeroDivisionError 예외가 발생합니다.

③ try 블록에서 ZeroDivisionError가 발생했으므로, 이 except 블록이 실행되고, except 블록 내에서 "예외 처리"를 출력합니다.

④ finally는 예외 발생 여부와 상관없이 항상 실행되는 블록으로 try-except 구문에서 예외가 발생하더라도 finally 블록은 반드시 실행됩니다. 그래서 "무조건 실행"을 출력합니다.

try ~ except ~ else ~ finally

예외가 발생하지 않으면 else 블록이 실행되고, 예외 발생 여부와 상관없이 항상 finally 블록이 마지막에 실행된다.

코드 살펴보기   소스코드 T09_05.py

try ~ except ~ else ~ finally

```
try: # ①
    x = 7/3 # ②
except ZeroDivisionError: # ③
    print("예외 처리")
else: # ④
    print(x)
finally : # ⑤
    print("무조건 실행")
```

실행결과 ✕
```
2.3333333333333335
무조건 실행
```

코드 해설

① 예외 처리를 위한 블록을 시작합니다. try 블록 내에서 예외가 발생할 가능성이 있는 코드를 작성합니다.

② 7을 3으로 나누는 연산을 수행하는 코드입니다. 이 연산은 정상적으로 실행되며, 예외가 발생하지 않습니다. 결과는 2.333...으로, 변수 x에 저장됩니다.

③ try 블록에서 ZeroDivisionError 예외가 발생했을 때 실행할 코드를 정의합니다. 하지만 7/3은 ZeroDivisionError를 발생시키지 않기 때문에 이 except 블록은 실행되지 않습니다.

④ 예외가 발생하지 않았을 때 실행되는 코드 블록입니다. try 블록에서 예외가 발생하지 않았기 때문에 else 블록이 실행되어 x 값인 2.333...이 출력됩니다.

⑤ 예외 발생 여부와 관계없이 항상 실행됩니다. 이 블록은 try-except 구조에서 무조건 마지막에 실행됩니다. 그래서 "무조건 실행"을 출력합니다.

예외 처리 종류

자주 발생하는 오류를 미리 알고 있다면 코드 작성 시 이를 예방하거나, 적절한 예외 처리를 통해 프로그램이 중단되지 않도록 예방할 수 있다.

NameError

NameError는 파이썬에서 정의되지 않은 변수나 함수를 참조하려고 할 때 발생하는 예외이다.

NameError 예외 문제를 해결하려면 변수를 먼저 정의하거나, 사용 전 그 값이 존재하는지 확인해야 한다.

코드 해설

① result 변수를 출력하려고 시도하는 코드입니다. 그러나 이 코드에서는 result 변수가 정의되지 않았기 때문에 NameError 예외가 발생합니다.

② NameError 예외가 발생했을 때 실행할 코드를 정의합니다. try 블록에서 NameError가 발생하면, 이 except 블록이 실행됩니다.

TypeError

TypeError는 잘못된 타입의 값이나 연산을 사용했을 때 발생하는 예외이다.

서로 호환되지 않는 자료형끼리 연산을 시도하거나, 특정 자료형에 허용되지 않는 연산이나 함수를 사용할 때 발생한다.

</> 코드 살펴보기

소스코드 T09_07.py

TypeError 예외

```
try:
    result = "Hello" + 5 # ①
except TypeError: # ②
    print("예외 발생")
```

실행결과 ✕

예외 발생

코드 해설

① 문자열 "Hello"와 숫자 5를 더하려고 시도하는 코드입니다. 파이썬에서는 문자열과 숫자를 직접 더할 수 없기 때문에 TypeError 예외가 발생합니다.

② TypeError 예외가 발생했을 때 실행할 코드를 정의합니다. try 블록에서 TypeError가 발생하므로, 이 except 블록이 실행됩니다.

ValueError

ValueError는 부적절한 값인 경우 발생하는 예외이다.

</> 코드 살펴보기

소스코드 T09_08.py

ValueError 예외

```
try:
    x = int("abc") # ①
except ValueError: # ②
    print("예외 발생")
```

실행결과 ✕

예외 발생

코드 해설

① 문자열 "abc"를 정수로 변환하려고 시도하는 코드입니다. int( ) 함수는 숫자 형태의 문자열만 정수로 변환할 수 있으므로, "abc"는 변환이 불가능해 ValueError 예외가 발생합니다.

② ValueError 예외가 발생했을 때 실행할 코드를 정의합니다. try 블록에서 ValueError가 발생하므로, 이 except 블록이 실행됩니다.

IndexError

IndexError는 리스트, 튜플, 문자열과 같은 시퀀스 자료형에서 존재하지 않는 인덱스에 접근할 때 발생하는 예외이다.

코드 해설

① x 변수에 리스트 [5, 10, 15]를 정의합니다. x에서 유효한 인덱스는 0, 1, 2입니다.

② 리스트 x의 인덱스 10에 접근하여 해당 요소를 출력하려고 시도합니다. 그러나 x 리스트에는 인덱스 10이 없기 때문에 IndexError 예외가 발생합니다.

③ IndexError 예외가 발생했을 때 실행할 코드를 정의합니다. try 블록에서 IndexError가 발생하므로, 이 except 블록이 실행됩니다.

KeyError

KeyError는 사전에서 존재하지 않는 키(Key)에 접근하려고 할 때 발생하는 예외이다.

코드 해설

① x 변수에 사전 {10: 'aaa', 20: 'bbb', 25: 'ccc'}를 저장합니다. 키(Key)는 10, 20, 25를 저장하고 있습니다.

② x에서 키(Key)가 30인 값에 접근하려고 시도합니다. 사전 x에는 30이라는 키가 존재하지 않기 때문에 KeyError 예외가 발생합니다.

③ KeyError 예외가 발생했을 때 실행할 코드를 정의합니다. try 블록에서 KeyError가 발생하면 이 except 블록이 실행됩니다.

AttributeError

AttributeError는 파이썬에서 존재하지 않는 속성이나 메서드를 사용하려고 할 때 발생하는 예외이다.

코드 살펴보기

소스코드 T09_11.py

AttributeError 예외

```
try:
    x = 10 # ①
    x.append(5) # ②
except AttributeError: # ③
    print("예외 발생")
```

실행결과 ✕

예외 발생

코드 해설

① 정수 값 10을 변수 x에 저장합니다. 이때 x는 정수형(int) 객체입니다.

② 정수형 객체 x에 대해 append 메서드를 호출하려고 시도합니다. 그러나 append( ) 메서드는 리스트와 같은 시퀀스 객체에만 사용할 수 있고, 정수형 객체에는 append 메서드가 정의되어 있지 않기 때문에 AttributeError 예외가 발생합니다.

③ AttributeError 예외가 발생했을 때 실행할 코드를 정의합니다. try 블록에서 AttributeError가 발생하면 이 except 블록이 실행됩니다.

FileNotFoundError

FileNotFoundError는 파이썬에서 존재하지 않는 파일을 열거나 접근하려고 할 때 발생하는 예외이다.

코드 살펴보기 소스코드 T09_12.py

FileNotFoundError 예외

```
try:
    f = open("sample.txt", "r") # ①
except FileNotFoundError: # ②
    print("예외 발생")
```

실행결과   X
예외 발생

코드 해설

① f = open("sample.txt", "r"): "sample.txt" 파일을 읽기 모드("r")로 열려고 시도하는 코드입니다. 하지만 "sample. txt" 파일이 존재하지 않으면 FileNotFoundError 예외가 발생합니다.

② FileNotFoundError 예외가 발생했을 때 실행할 코드를 정의합니다. try 블록에서 FileNotFoundError가 발생하면 이 except 블록이 실행됩니다.

> **Tip** 이처럼 자주 발생하는 오류는 대부분 프로그램의 논리적 오류나 부주의한 코드 작성으로 발생하며, 이를 미리 인지하고 적절히 처리함으로써 안정적인 프로그램을 작성할 수 있습니다. 그리고 파이썬에 정의된 오류는 레퍼런스 문서에서 확인할 수 있습니다.
> https://docs.python.org/ko/3/library/exceptions.html

여러 예외 처리

프로그램이 실행되는 동안 여러 종류의 오류가 발생할 수 있다.

하나의 try 블록에서 다양한 오류를 처리하려면 except 블록을 여러 개 사용할 수 있다.

각각의 except 블록은 특정한 오류 타입에 대응하며, 코드에서 발생할 수 있는 여러 예외 상황에 알맞게 대처할 수 있고, 다양한 오류 상황에서도 안정적으로 작동할 수 있다.

FileNotFoundError 예외

```
def divide(a, b): # ①
    try:
        print(a / b) # ②

    except ZeroDivisionError: # ③
        print("0으로 나눌 수 없습니다.")

    except TypeError: # ④
        print("숫자만 입력해야 합니다.")

divide(10, 2) # ⑤
divide(10, 0) # ⑥
divide(10, "two") # ⑦
```

실행결과   ✕
5.0
0으로 나눌 수 없습니다.
숫자만 입력해야 합니다.

코드 해설

① 두 개의 인자를 받아 나누기 연산을 수행하는 함수 divide를 정의합니다.

② a를 b로 나눈 결과를 출력합니다. 하지만 b가 0이거나 a와 b가 숫자가 아닌 경우 예외가 발생할 수 있습니다.

③ ZeroDivisionError 예외가 발생했을 때 실행할 코드를 정의합니다. b가 0인 경우 ZeroDivisionError 예외가 발생하므로, "0으로 나눌 수 없습니다." 메시지를 출력합니다.

④ TypeError 예외가 발생했을 때 실행할 코드를 정의합니다. a나 b가 숫자가 아닌 경우 TypeError 예외가 발생하므로, "숫자만 입력해야 합니다." 메시지를 출력합니다.

⑤ 10을 2로 나누기 때문에 예외가 발생하지 않고 5.0이 출력됩니다.

⑥ 10을 0으로 나누려고 시도하여 ZeroDivisionError 예외가 발생합니다. 따라서 "0으로 나눌 수 없습니다."가 출력됩니다.

⑦ 10을 문자열 "two"로 나누려고 시도하여 TypeError 예외가 발생합니다. 따라서 "숫자만 입력해야 합니다."가 출력됩니다.

Exception

Exception은 파이썬의 예외 처리 시스템에서 모든 예외의 기본 클래스이다.

Exception 클래스는 파이썬 프로그램에서 발생하는 거의 모든 오류를 포괄하며, 이를 통해 다양한 예외를 처리할 수 있다.

</> 코드 살펴보기   소스코드 **T09_14.py**

Exception

```python
def divide(a, b): # ①
    try:
        print(a / b) # ②
    except ZeroDivisionError: # ③
        print("0으로 나눌 수 없습니다.")
    except Exception as e: # ④
        print("예상치 못한 오류가 발생했습니다:")
        print(f"{type(e).__name__} - {e}")


divide(10, 2) # ⑤
divide(10, 0) # ⑥
divide(10, "two") # ⑦
```

실행결과   ✕

```
5.0
0으로 나눌 수 없습니다.
예상치 못한 오류가 발생했습니다:
TypeError - unsupported operand type(s) for /: 'int' and 'str'
```

코드 해설

① 두 개의 인자를 받아 나누기 연산을 수행하는 함수 divide를 정의합니다.

② a를 b로 나눈 결과를 출력합니다. 하지만 b가 0이거나 a와 b가 숫자가 아닌 경우 예외가 발생할 수 있습니다.

③ ZeroDivisionError 예외가 발생했을 때 실행할 코드를 정의합니다. b가 0인 경우 ZeroDivisionError 예외가 발생하므로, "0으로 나눌 수 없습니다." 메시지를 출력합니다.

④ 모든 종류의 예외를 포괄적으로 처리하고, 예상치 못한 오류에 대한 정보를 제공합니다. 그리고 예외를 e라는 이름(별칭)으로 받아서 e를 통해 예외의 상세 정보(메시지 등)를 다룰 수 있습니다.

⑤ 10을 2로 나누기 때문에 예외가 발생하지 않고 5.0이 출력됩니다.

⑥ 10을 0으로 나누려고 시도하여 ZeroDivisionError 예외가 발생합니다. 따라서 "0으로 나눌 수 없습니다."가 출력됩니다.

⑦ 10을 문자열 "two"로 나누려고 시도하여 TypeError 예외가 발생하지만, TypeError 예외를 처리하는 부분이 없으므로 Exception 블록이 실행됩니다.

raise

raise는 명시적으로 예외를 발생시키는 키워드이다.

특정 조건이 충족되지 않았을 때, 프로그램의 흐름을 제어하고 문제를 명확히 처리할 수 있는 강력한 방법이다.

```
raise 예외종류("메시지")
```

</> 코드 살펴보기   소스코드 T09_15.py

raise

```
def divide(a, b): # ①
    if b == 0: # ②
        raise ZeroDivisionError("0으로 나눌 수 없습니다.") # ③
    else: # ④
        print(a/b)

divide(10, 2) # ⑤
divide(10, 0) # ⑥
```

⟨/⟩ 실행결과   ✕

5.0
ZeroDivisionError: 0으로 나눌 수 없습니다.

코드 해설

① 두 개의 인자를 받아 나누기 연산을 수행하는 함수 divide를 정의합니다.

② b가 0인지 확인합니다. 0으로 나누기를 시도하면 오류가 발생하기 때문에 이를 방지하기 위해 조건문을 사용합니다.

③ b가 0일 때, ZeroDivisionError 예외를 강제로 발생시킵니다. raise 키워드를 사용하여 예외를 발생시키며, "0으로 나눌 수 없습니다."라는 예외 메시지를 제공합니다.

④ b가 0이 아니면 나누기 연산을 수행합니다. print(a/b)에 의해 a를 b로 나눈 결과를 출력합니다.

⑤ b가 0이 아니기 때문에 정상적으로 10/2 = 5.0을 출력합니다.

⑥ b가 0이므로 raise ZeroDivisionError 구문이 실행되어 ZeroDivisionError 예외가 발생하고, "0으로 나눌 수 없습니다." 메시지가 출력됩니다.

01 두 숫자를 입력받아 나눗셈을 수행하는 프로그램을 작성하시오. 0으로 나눌 경우 "0으로 나눌 수 없음"이 출력되도록 예외를 처리하시오.

[입력]

```
입력1: 5
입력2: 0
```

 실행결과   X

```
0으로 나눌 수 없음
```

02 리스트를 매개변수로 전달받아 특정 인덱스의 값을 반환하는 fn 함수를 작성해보자. 이 함수는 인덱스의 범위를 벗어난 경우 IndexError를 발생시키며, 오류 메시지에는 주어진 리스트의 인덱스 범위를 포함한다. (fn([1,2,3,4,5], 6)를 호출)

 실행결과   X

```
IndexError: 인덱스가 범위 0 ~ 4를 벗어났습니다.
```

03 사용자의 입력이 숫자인지 확인하는 코드를 작성해보자. (사용자의 입력이 숫자인 경우 "숫자"를 출력, 아닌 경우에 "숫자가 아님"을 출력)

[입력]

> abc

실행결과   X

숫자가 아님

01 소스코드 Q09_01.py

```python
def fn(a, b):
    try:
        result = a / b
    except ZeroDivisionError:
        print("0으로 나눌 수 없습니다.")
    else:
        print(result)

num1 = int(input("첫 번째 숫자를 입력하세요: "))
num2 = int(input("두 번째 숫자를 입력하세요: "))
fn(num1, num2)
```

02 소스코드 Q09_02.py

```python
def fn(lst, index):
    if index < 0 or index >= len(lst):
        raise IndexError(f"인덱스가 범위 0 ~ {len(lst) - 1}를 벗어났습니다.")
    return lst[index]

print(fn([1,2,3,4,5], 6))
```

03 소스코드 Q09_03.py

```python
try:
    number = int(input("입력: "))
    print("숫자")
except ValueError:
    print("숫자가 아님")
```

10장

파일 입출력

파일 입출력 프로그래밍에서는 데이터를 영구적으로 저장하거나, 외부로부터 입력을 받아 처리할 수 있는 방법이 중요합니다. 파일 입출력은 이러한 데이터의 저장과 관리를 위한 필수적인 기능입니다. 꼬물이는 파이썬을 공부하면서 프로그램이 실행 중에만 데이터를 기억하는 것이 아닌, 파일을 통해 데이터를 저장하고, 나중에 다시 사용할 수 있는 방법이 필요하다는 것을 깨달았습니다.

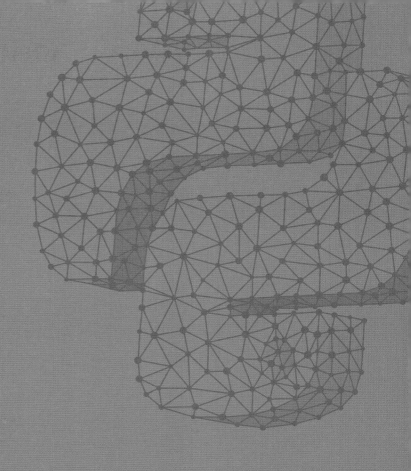

무엇을 배워볼까요?

학습목표 1: open() 함수를 사용하여 파일을 열고, read() 또는
write() 메서드를 사용하여 데이터를 읽거나 써본다.

학습목표 2: with 문을 사용하여 파일을 자동으로 닫고, 파일 처리
중 발생할 수 있는 오류를 방지해본다.

학습목표 3: 파일에 데이터를 저장하고, 저장된 데이터를 다시 불러
와 프로그램에서 활용해본다.

10.1 파일 열기/닫기

▶ 영상 보러가기

파일 열기

open 함수는 파일을 여는 함수이다.

```
open(file, mode)
```

file은 열고자 하는 파일의 이름(경로 포함)을 문자열로 지정한다.

mode는 파일을 열 때 사용할 모드를 문자열로 지정한다. 기본값은 'r'(읽기 모드)이다.

모드		설명
"r"	read	• 읽기 모드로 파일을 여는 옵션 • 파일이 존재하지 않으면 오류가 발생
"w"	write	• 쓰기 모드로 파일을 여는 옵션 • 기존 파일이 있으면 내용을 모두 지우고 새로 작성
"a"	append	• 추가 모드로 파일을 여는 옵션 • 파일의 끝에 새로운 내용을 추가하며, 파일이 존재하지 않으면 새로 생성

> **Tip** 파일 open은 파일을 읽는 것이 아니라 파일을 여는 함수입니다. 마치 문서를 작성하기 위해 문서를 더블 클릭해서 들어가는 것과 같습니다.

파일 닫기

close 함수는 파일을 닫는 함수이다.

open/close 함수

```
f = open("sample.txt", "w") # ①
f.close() # ②
```

코드 해설

① 쓰기 모드("w")로 "sample.txt" 파일을 열고, 파일 객체를 f에 할당합니다. "sample.txt" 파일이 현재 디렉터리에 없으면 새로 생성되고, "w" 모드는 파일이 이미 존재할 경우, 파일의 기존 내용을 모두 삭제하고 새로 작성하도록 설정합니다.
② 파일 객체 f를 닫아 파일과의 연결을 종료합니다.

> **Tip** 파일을 열면 항상 닫아주는 것이 권장되며, 파일이 닫히지 않으면 다른 작업에서 파일에 접근하지 못하거나 데이터가 제대로 기록되지 않을 수 있습니다.

with 문을 사용한 파일 열기/닫기

with 문을 사용하면 with 블록이 끝난 후 파일이 자동으로 닫히기 때문에 close()를 명시적으로 호출할 필요가 없다.

이 방법은 예외 발생 시에도 리소스 누수를 방지할 수 있어 권장되는 방식이다.

with 문을 사용한 파일 열기/닫기

```
with open("example.txt", "r") as f: # ①
    pass # ②
```

코드 해설

① 쓰기 모드("w")로 "example.txt" 파일을 열고, 파일 객체를 f에 할당합니다. with 문을 사용했기 때문에 with 블록이 끝나면 파일이 자동으로 닫힙니다.
② pass는 아무 동작도 하지 않는 명령문입니다. 코드 블록이 비어 있을 때 자리를 차지하게 하기 위해 사용합니다.

> **Tip** 파일을 사용할 때는 open과 close 함수를 함께 사용해서 파일을 열고 닫거나, with 문에 open을 사용해 파일을 여는 방법 중에 선택해서 사용하면 됩니다.

10.2 파일 쓰기

▶ 영상 보러가기

write 함수

write 함수 개념

write 함수는 파일에 데이터를 작성하는 함수이다.

파일이 쓰기 모드("w"), 추가 모드("a")로 열려 있어야 사용 가능하다.

> **Tip** 파일 open을 한 후에 write를 할 수 있습니다.

write 함수 문법

```
file.write(string)
```

file은 파일 객체이다.

string은 파일에 작성할 문자열이다.

</> 코드 살펴보기   소스코드 T10_03.py

write 함수

```
f = open("sample.txt", "w") # ①
f.write("Hello Python") # ②
f.close() # ③
```

⟨/⟩ 파일(sample.txt) 결과 ✕

```
Hello Python
```

코드 해설

① 쓰기 모드("w")로 "sample.txt" 파일을 열고, 파일 객체를 f에 할당합니다.

② f 파일 객체를 통해 "Hello Python"이라는 문자열을 파일에 씁니다. 쓰기 모드이므로 파일의 첫 번째 줄부터 입력됩니다.

③ 파일 객체 f를 닫아 파일과의 연결을 종료합니다.

writelines 함수

writelines 함수는 문자열의 리스트를 파일에 한 번에 작성하는 함수이다.
리스트에 포함된 각 문자열이 파일에 기록되며, 줄바꿈 처리는 자동으로 하지 않으므로
줄바꿈이 필요할 경우 문자열 끝에 \n을 추가해 주어야 한다.

</> 코드 살펴보기 소스코드 T10_04.py

writelines 함수

```
x = ["Hello\n", "Python\n"] # ①
with open("example.txt", "w") as f: # ②
    f.writelines(x) # ③
```

◆▶ 파일(example.txt) 결과	X
Hello	
Python	

코드 해설

① x 변수에 "Hello\n"과 "Python\n" 두 개의 문자열이 포함된 리스트를 저장합니다.

② 쓰기 모드("w")로 "example.txt" 파일을 열고, 파일 객체를 f에 할당합니다.

③ 리스트 x의 모든 문자열을 파일에 기록하므로 "Hello\n"과 "Python\n"이 순서대로 파일에 기록됩니다. 각 문자
열에 줄바꿈(\n) 문자가 포함되어 있으므로, 파일에 작성될 때 각 문자열이 줄을 바꾸어 기록됩니다.

Tip

파일이 저장되는 위치는 아래 코드의 출력결과를 통해서 확인할 수 있습니다.

```
import os
print(os.getcwd())
```

10.3 파일 읽기

read 함수

read 함수 개념

read 함수는 파일에서 데이터를 읽는 함수이다.

파일이 읽기 모드("r")로 열려 있어야 사용할 수 있다.

> **Tip** 파일 open을 한 후에 read를 할 수 있습니다.

read 함수 문법

```
file.read(size=-1)
```

file은 파일 객체이다.

size는 읽을 문자의 개수(바이트 단위)이며 기본값은 −1이고, 기본값이 −1일 경우 파일의 끝까지 읽는다.

</> 코드 살펴보기   소스코드 T10_05.py

read 함수

```
f = open("sample.txt", "r") # ①
x = f.read() # ②
print(x) # ③
f.close() # ④
```

⏺ 입력(sample.txt) 파일   X
Hello
Python

⏺ 실행결과   X
Hello
Python

코드 해설

① 읽기 모드("r")로 "sample.txt" 파일을 열고, 파일 객체를 f에 할당합니다. "r" 모드는 읽기 전용으로 파일을 여는 모드입니다. 파일이 존재하지 않으면 오류가 발생합니다.

② 파일 객체 f에서 파일의 모든 내용을 읽어 변수 x에 저장합니다. f.read()는 파일의 내용을 문자열 형태로 반환합니다.

③ print(x)는 변수 x에 저장된 파일의 내용을 출력합니다. f.read()로 파일 전체를 읽어왔기 때문에, 파일의 모든 내용이 출력됩니다.

④ f.close()는 파일 객체 f를 닫아 파일과의 연결을 종료합니다.

Tip 출력결과는 sample.txt의 내용에 "Hello\nPython"가 저장되어 있을 때입니다.

readline 함수

readline 함수 개념

readline 함수는 파일에서 한 줄씩 읽어오는 함수이다.

한 줄을 읽을 때마다 커서가 다음 줄로 이동하므로, 파일을 반복문으로 순회하며 줄 단위로 읽을 때 유용하다.

readline 함수 문법

```
file.readline(size=-1)
```

size는 한 줄에서 읽어올 최대 문자 수이고, 생략하면 줄 전체를 읽는다.

</> 코드 살펴보기   소스코드 T10_06.py

readline 함수(1)

```
with open("example.txt", "r") as f: # ①
    x = f.readline() # ②
    print(x) # ③
```

입력(example.txt) 파일   ✕

Hello
Python

실행결과   ✕

Hello

코드 해설

① 읽기 모드("r")로 "example.txt" 파일을 열고, 파일 객체를 f에 할당합니다.

② 파일 객체 f에서 한 줄만 읽어 변수 x에 저장합니다. readline() 함수는 파일의 첫 번째 줄을 읽고, 줄바꿈 문자 \n 을 포함한 문자열로 반환합니다. 파일의 다음 줄을 읽고 싶으면 다시 readline()을 호출해야 하며, 반복문을 통해 파일의 모든 줄을 한 줄씩 읽을 수 있습니다.

③ 변수 x에 저장된 파일의 첫 번째 줄을 출력합니다. x에는 줄바꿈 문자 \n이 포함되어 있으므로, 출력 시 자동으로 줄이 바뀝니다.

readline() 함수는 파일에서 한 줄씩 읽어오므로, 반복문을 사용해야 파일의 끝까지 한 줄 씩 읽을 수 있다.

파일의 끝에 도달하면 readline()은 빈 문자열을 반환하므로, 이를 조건으로 반복문을 종료 할 수 있다.

‹/› 코드 살펴보기   소스코드 T10_07.py

readline 함수(2)

코드 해설

① 읽기 모드("r")로 "example.txt" 파일을 열고 파일 객체를 f에 할당합니다.

② 파일에서 한 줄만 읽어 x 변수에 저장합니다.

③ x가 빈 문자열이면 파일의 끝에 도달했으므로 break로 반복문을 종료합니다.

④ x를 출력합니다. x에 이미 줄바꿈 문자가 포함되어 있으므로, print()에서 추가 줄바꿈을 방지하기 위해 end=" " 를 사용합니다.

readlines 함수

readlines 함수 개념

readlines 함수는 파일의 모든 줄을 읽어 리스트로 반환하는 함수이다.

각 줄이 리스트의 한 요소로 저장되며, 줄바꿈 문자 \n도 포함된다.

readlines 함수 문법

```
file.readlines(hint=-1)
```

hint는 읽을 줄의 개수를 설정하고, 생략하면 파일 끝까지 읽는다.

</> 코드 살펴보기   소스코드 T10_08.py

readlines 함수

```python
with open("example.txt", "r") as f: # ①
    x = f.readlines() # ②
    print(x) # ③
```

입력(example.txt) 파일 ✕
```
Hello
Python
```

실행결과 ✕
```
['Hello\n', 'Python\n']
```

코드 해설

① 읽기 모드("r")로 "example.txt" 파일을 열고, 파일 객체를 f에 할당합니다.

② 파일 객체 f에서 모든 줄을 읽어 리스트 형태로 반환하고, 그 리스트를 변수 x에 저장합니다. 각 줄에는 줄바꿈 문자 \n이 포함되어 있어, 리스트의 각 요소가 줄바꿈과 함께 저장됩니다.

③ 리스트 x를 출력합니다. 리스트의 각 요소는 파일의 각 줄이므로, 파일 전체 내용을 줄 단위로 볼 수 있습니다.

Tip 파일 전체를 읽을 때 readlines 함수가 편리합니다.

실습문제

01 "data1.txt"라는 파일에 문자열 "Hello, Python"을 저장하는 코드를 작성하시오.

⟨/⟩ data1.txt	X
Hello, Python	

02 "data1.txt" 파일에서 한 줄을 읽어와 출력하는 코드를 작성하시오.

⟨/⟩ 실행결과	X
Hello, Python	

03 파일 "data2.txt"에 숫자 1부터 5까지를 각 줄에 저장하는 코드를 작성하시오.

⟨/⟩ data2.txt	X
1	
2	
3	
4	
5	

04 파일 "data2.txt"에 문자열 "Hello Python"을 추가로 작성하는 코드를 작성하시오.

```
data2.txt                                                    X
1
2
3
4
5
Hello Python
```

05 두 학생의 이름, 수학점수, 영어점수를 입력받아 data4.txt 파일에 저장하는 코드를
작성해보자. (단, 수학점수, 영어점수는 정수로 입력받는다.)

[입력]

```
이름: 홍길동
수학: 10
영어: 20
이름: 임꺽정
수학: 20
영어: 30
```

```
data4.txt                                                    X
홍길동 10 20
임꺽정 20 30
```

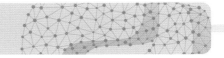
01 소스코드 Q10_01.py

```python
with open("data1.txt", "w") as f:
    f.write("Hello, Python")
```

02 소스코드 Q10_02.py

```python
with open("data1.txt", "r") as f:
    x = f.readline()
    print(x)
```

03 소스코드 Q10_03.py

```python
with open("data2.txt", "w") as f:
    for i in range(1, 6):
        f.write(f"{i}\n")
```

04 소스코드 Q10_04.py

```python
with open("data2.txt", "a") as f:
    f.write("Hello Python\n")
```

```python
with open("data4.txt", "w") as f:
    for i in range(2):
        name = input("이름: ")
        math_score = input("수학: ")
        english_score = input("영어: ")

        f.write(f"{name} {math_score} {english_score}\n")

print("데이터가 data4.txt에 저장되었습니다.")
```

11장

모듈과 패키지

파이썬에서 코드를 재사용하고 체계적으로 관리하기 위해서는 모듈과 패키지를 활용하는 것이 중요합니다. 꼬물이는 모듈을 사용해 자주 쓰는 코드를 별도로 작성해 놓고 필요할 때 불러오는 방법을 배우며, 코드의 중복을 줄이고 유지보수를 용이하게 할 수 있는 방법을 배우기로 했습니다. 또한, 패키지를 통해 관련된 모듈들을 체계적으로 관리하는 법도 익히고자 합니다.

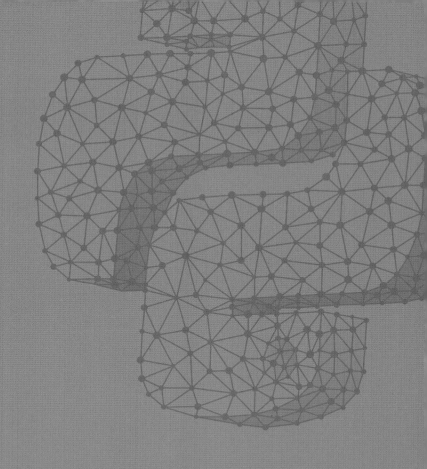

무엇을 배워볼까요?

학습목표 1: import 문을 사용하여 다양한 내장 모듈과 외부 패키지를 불러와 프로그램에서 활용해본다.

학습목표 2: 자신만의 모듈을 만들고, 다른 파이썬 프로그램에서 불러와서 재사용해본다.

학습목표 3: 패키지를 구성하여 관련된 모듈들을 체계적으로 관리하고 import하여 사용해본다.

11.1 모듈

▶ 영상 보러가기

모듈 개념

모듈(Module)은 코드의 재사용과 관리를 위해 관련된 코드들을 하나의 파일에 모아둔 파이썬 파일이다.

모듈은 .py 파일로 작성된 코드 단위이다.

모듈은 함수, 클래스, 변수 등을 포함하여 관련 작업을 그룹화하고, 이를 통해 코드를 재사용하고, 프로그램을 구조적으로 관리할 수 있어 유지 보수가 용이해진다.

모듈 문법

import 문

import 문을 사용하면 모듈을 현재 코드로 가져와서, 모듈에 정의된 모든 함수, 클래스, 변수 등을 사용할 수 있다.

모듈 이름을 통해 접근해야 하므로, 코드에서 모듈의 기능을 사용할 때마다 모듈 이름을 명시해야 한다.

</> 코드 살펴보기 소스코드 **T11_01.py**

import 문

```python
import math # ①

x = 9 # ②
y = math.sqrt(x) # ③
print(f"{x}의 제곱근은 {y}이고, 원주율은 {math.pi}입니다.") # ④
```

⊕ 실행결과   X

9의 제곱근은 3.0이고, 원주율은 3.141592653589793입니다.

코드 해설

① 파이썬의 수학 관련 함수와 상수를 제공하는 math 모듈을 불러옵니다. math 모듈에는 제곱근을 구하는 sqrt 함수가 포함되어 있습니다.

② 변수 x에 9를 저장합니다. 이 값은 제곱근을 구할 숫자입니다.

③ math.sqrt() 함수를 사용하여 x의 제곱근을 계산합니다. sqrt(9)의 결과는 3.0이므로, 이 값이 변수 y에 저장됩니다.

④ f-string을 사용하여 x의 제곱근과 원주율 상수를 출력합니다.

x의 제곱근 y는 3.0, math.pi는 3.141592653589793이므로, 출력결과는 "9의 제곱근은 3.0이고, 원주율은 3.141592653589793입니다."가 됩니다.

> **Tip** import 문은 보통 파일 상단에 배치하여 코드의 의존성을 명확히 합니다. 모듈을 import 하면 해당 모듈의 코드가 실행되므로, 모듈 내에 직접 실행되는 코드가 있다면 import 시점에 그 코드가 실행됩니다.

from ~ import 문

from ~ import 문을 사용하면 모듈에서 특정 함수, 클래스, 변수만을 선택적으로 가져와서 사용할 수 있다.

필요한 요소만을 가져오므로 코드가 더 간결하고, 모듈 이름을 생략할 수 있어 가독성이 높아진다.

</> 코드 살펴보기　　　　　소스코드 T11_02.py

from ~ import 문

```python
from math import sqrt # ①
from math import pi # ②

x = 9 # ③
y = sqrt(x) # ④
print(f"{x}의 제곱근은 {y}이고, 원주율은 {pi}입니다.") # ⑤
```

> **◁▷ 실행결과**　　　　　　　　　　　　　　　　　　X
> 9의 제곱근은 3.0이고, 원주율은 3.141592653589793입니다.

코드 해설

① math 모듈에서 sqrt 함수를 가져옵니다. 이렇게 하면 sqrt 함수를 사용할 때 math.를 붙이지 않고 사용할 수 있습니다.

② math 모듈에서 원주율을 나타내는 pi 상수를 가져옵니다. 마찬가지로 pi를 사용할 때 math.를 붙이지 않고 사용할 수 있습니다.

③ 변수 x에 9를 저장합니다.

④ sqrt(9)의 결과는 3.0이므로 이 값이 변수 y에 저장됩니다.

⑤ f-string을 사용하여 x의 제곱근과 원주율 상수를 출력합니다.
x의 제곱근 y는 3.0, pi 상수는 3.141592653589793이므로, 출력결과는 "9의 제곱근은 3.0이고, 원주율은 3.141592653589793입니다."가 됩니다.

from ~ import * 문

from ~ import * 문을 사용하면 모듈 내의 모든 함수, 클래스, 변수 등을 현재 코드로 가져올 수 있다.

이 방식은 모듈의 모든 기능을 직접 사용할 수 있게 하고, 함수 호출 코드가 간결해진다는 장점이 있지만, 모든 함수를 그대로 import 하기 때문에 코드 내의 함수나 변수와 충돌할 수 있어 주의가 필요하다.

</> 코드 살펴보기   소스코드 T11_03.py

from ~ import * 문

```
from math import * # ①

x = 9 # ②
y = sqrt(x) # ③
print(f"{x}의 제곱근은 {y}이고, 원주율은 {pi}입니다.") # ④
```

```
</> 실행결과                                          ✕
9의 제곱근은 3.0이고, 원주율은 3.141592653589793입니다.
```

코드 해설

① math 모듈에 포함된 모든 함수와 상수를 불러옵니다. 이로 인해 sqrt, pi 등 math 모듈에 포함된 모든 기능을 math. 없이 직접 사용할 수 있게 됩니다.

② 변수 x에 9를 저장합니다.

③ sqrt(9)의 결과는 3.0이므로 이 값이 변수 y에 저장됩니다.

④ f-string을 사용하여 x의 제곱근과 원주율 상수를 출력합니다.

x의 제곱근 y는 3.0, pi 상수는 3.141592653589793이므로, 출력결과는 "9의 제곱근은 3.0이고, 원주율은 3.141592653589793입니다."가 됩니다.

import ~ as 문

import ~ as 문을 사용하면 모듈을 가져올 때 다른 이름(별칭)을 지정할 수 있다.

이는 모듈 이름이 길거나 다른 이름으로 사용하고 싶을 때 유용하다.

별칭을 사용하면 코드에서 모듈 이름을 간결하게 유지할 수 있으며, 이름 충돌을 방지할 수 있다.

</> 코드 살펴보기　　　　　소스코드 **T11_04.py**

import ~ as 문

```
import math as m # ①

x = 9 # ②
y = m.sqrt(x) # ③
print(f"{x}의 제곱근은 {y}이고, 원주율은 {m.pi}입니다.") # ④
```

⊘ 실행결과　　　　　　　　　　　　　　　　　　　　X

9의 제곱근은 3.0이고, 원주율은 3.141592653589793입니다.

코드 해설

① math 모듈을 m이라는 이름으로 불러옵니다. 이제 math 모듈의 기능을 사용할 때 m.을 접두어로 사용할 수 있습니다.

② 변수 x에 9를 저장합니다. 이 값은 제곱근을 구할 숫자입니다.

③ math.sqrt() 함수를 사용하여 x의 제곱근을 계산합니다. sqrt(9)의 결과는 3.0이므로, 이 값이 변수 y에 저장됩니다.

④ f-string을 사용하여 x의 제곱근과 원주율 상수를 출력합니다.

x의 제곱근 y는 3.0, math.pi는 3.141592653589793이므로, 출력결과는 "9의 제곱근은 3.0이고, 원주율은 3.141592653589793입니다."가 됩니다.

11.2 사용자 정의 모듈

▶ 영상 보러가기

사용자 정의 모듈 개념

사용자 정의 모듈은 개발자가 직접 만든 모듈이다.

다른 파일에서 이를 import 문을 통해 불러와 사용할 수 있다. 이 모듈들은 여러 함수, 클래스, 변수를 포함할 수 있으며, 이를 통해 코드의 재사용성과 관리성을 높일 수 있다.

> **Tip** 모듈 파일명은 import 시 사용할 이름이 되므로, 파이썬 예약어나 내장 모듈명과 충돌하지 않도록 주의해야 합니다. 또한, 파일명에는 공백이나 특수문자를 사용하지 않고 소문자와 언더스코어(_)를 사용하는 것이 관례이므로 기억해 두세요.

모듈의 위치

모듈을 사용하려면 해당 모듈을 찾을 수 있는 위치에 있어야 한다.

파이썬은 모듈을 찾기 위해 몇 가지 위치를 순차적으로 참조하는데, 이 위치는 다음과 같다.

- 프로그램이 실행되는 현재 디렉터리
- 파이썬 표준 라이브러리가 설치된 기본 위치(파이썬 설치 위치, 표준 라이브러리, site-packages 등)
- 환경 변수 PYTHONPATH에 정의된 위치들(사용자가 추가로 설정한 위치)

이 정보는 파이썬 표준 라이브러리 sys 모듈의 path 변수를 통해 확인할 수 있다.

</> 코드 살펴보기

소스코드 T11_05.py

모듈 위치

```
import sys # ①

for path in sys.path: # ②
    print(path)
```

실행결과

```
C:\Users\Python\Lib\idlelib
C:\Users\Python\Lib
C:\Users\Python\DLLs
C:\Users\Python
C:\Users\Python\Lib\site-packages
```

코드 해설

① sys 모듈을 불러옵니다. sys 모듈은 파이썬 인터프리터와 관련된 여러 기능을 제공하는 표준 라이브러리 모듈입니다.

② sys.path는 현재 파이썬 인터프리터가 모듈을 찾기 위해 검색하는 경로들이 저장된 리스트입니다. 이 리스트에는 파이썬 표준 라이브러리 디렉터리와 사용자가 추가한 디렉터리들이 포함됩니다.

이를 통해 현재 파이썬이 모듈을 탐색할 때 사용하는 위치들을 확인할 수 있다. 이 리스트는 프로그램의 실행 환경에 따라 다를 수 있으며, 필요에 따라 추가 위치를 삽입하거나 변경할 수 있다.

> **Tip** 실행결과로 출력되는 path들은 파이썬이 설치 및 구동되는 환경에 따라 다릅니다. 따라서 코드를 실행했을 때 다른 결과가 나오더라도 당황하지 마세요.

환경 변수 PYTHONPATH에 정의된 위치는 sys.path에 추가되어, 파이썬이 모듈을 탐색할 수 있는 위치 범위를 확장한다.

sys.path는 파이썬 코드 내에서 동적으로 수정할 수도 있다. sys.path.append() 메서드를 사용하면 실행 중에 위치를 추가할 수 있다.

사용자 모듈 사용

새로운 .py 파일을 생성하여 필요한 함수나 클래스 등을 정의한다.

다른 파일에서 이 모듈을 import 문을 사용해 불러와, 해당 파일에 있는 함수나 클래스들을 호출할 수 있다.

</> 코드 살펴보기
소스코드 **my_module.py**   소스코드 **T11_06.py**

사용자 모듈 사용

[my_module.py]

```
def fn1(name):
  return f"안녕, {name}!" # ①

def fn2(x, y):
  return x + y # ②
```

[T11_06.py]

```
import my_module # ③

x = my_module.fn1("꼬물이") # ④
print(x)

y = my_module.fn2(5, 3) # ⑤
print(y)
```

실행결과 ×
```
안녕, 꼬물이!
8
```

코드 해설

① my_module.py 파일에 fn1 함수를 정의합니다.
② my_module.py 파일에 fn2 함수를 정의합니다.
③ T11_06.py 파일에서 import my_module 통해 사용자 정의 모듈을 가져옵니다.
④ my_module.fn1("꼬물이")을 사용하여 모듈에서 정의한 함수들을 호출하여 x 변수에 저장하고, 그 결과를 출력합니다.
⑤ my_module.fn2(5, 3)을 사용하여 모듈에서 정의한 함수들을 호출하여 y 변수에 저장하고, 그 결과를 출력합니다.

Tip | 위의 예제는 py 파일이 2개(my_module.py, T11_06.py)가 있어야 합니다.

모듈의 직접 실행과 임포트 실행 구분

모듈을 개발하다 보면, 모듈을 직접 실행해 보면서 테스트를 할 필요가 있을 때가 있다. 이럴 때, 모듈에 작성된 코드가 의도하지 않은 방식으로 실행된다면 불편할 수 있다. 모듈을 직접 실행할 때만 특정 코드가 실행되도록 하고 싶다면 if __name__ == "__main__": 블록을 사용한다. 이 블록을 사용하면 모듈이 직접 실행될 때만 코드가 실행되도록 할 수 있다. __name__ 이라는 특별한 변수는 현재 실행 중인 모듈의 이름을 담고 있으며, 모듈이 직접 실행될 때는 __name__ 이 "__main__"으로 설정된다. 반면, 모듈이 다른 모듈에 의해 불리면 __name__ 은 모듈의 이름이 된다.

따라서, if __name__ == "__main__": 조건문 아래에 있는 코드는 모듈이 직접 실행될 때만 실행된다. 이렇게 하면, 모듈을 직접 실행하여 테스트할 때는 해당 코드가 실행되고, 다른 모듈에서 불릴 때는 이 코드가 실행되지 않으므로 원하는 동작을 보장할 수 있다.

</> 코드 살펴보기 　　　　　　　　　　　　소스코드 **T11_07.py**

모듈의 직접 실행과 임포트 실행 구분

```python
def fn1(name):
    return f"안녕, {name}!"

def fn2(x, y):
    return x + y

if __name__ == "__main__":
    print(fn1("꼬물이"))
    print(fn2(3,5))
```

```
⏺ 실행결과                                    X
안녕, 꼬물이!
8
```

코드 해설

fn1("꼬물이")와 print(fn2(3,5))는 if __name__ == "__main__" 조건에 의하여 모듈을 직접 실행했을 때만 실행됩니다. 다른 코드에서 이 모듈을 임포트하면 fn1("꼬물이")와 print(fn2(3,5))는 실행되지 않습니다.

11.3 패키지

▶ 영상 보러가기

패키지 개념

패키지(Package)는 여러 모듈을 포함하는 디렉터리(폴더)로, 모듈을 더욱 체계적으로 조직화할 수 있는 방법이다.

> 파이썬 3.3 이상에서는 __init__.py 파일이 없어도 패키지로 인식되지만,
> 일반적으로 빈 파일로 두거나 초기화 코드를 작성합니다.

패키지를 구성하는 폴더는 __init__.py 파일을 포함한다.

패키지는 관련된 기능을 하는 모듈들을 하나의 이름 공간(namespace) 아래 묶어 관리함으로써, 이름 충돌을 방지하고 코드의 구조를 명확히 한다.

또한 패키지는 서브 패키지와 서브 모듈을 포함할 수 있어 복잡한 프로젝트를 구조적으로 정리하는 데 유용하다.

__init__.py 파일은 패키지의 초기화 작업을 수행하며, 패키지가 임포트될 때 실행되는 코드가 포함될 수 있다. 이 파일에서 모듈을 임포트하여 패키지를 사용하는 사용자에게 제공할 수 있는 인터페이스를 정의할 수 있다.

모듈과 패키지의 차이점

항목	모듈	패키지
정의	단일 .py 파일로 구성된 코드 단위	여러 모듈을 포함하는 디렉터리(폴더)로 구성된 단위
구성 요소	함수, 클래스, 변수 등이 포함된 파이썬 코드	__init__.py 파일과 하나 이상의 모듈 또는 서브 패키지
예제 파일 구조	my_module.py	my_package/ └ __init__.py └ package_module1.py └ package_module2.py
임포트 방식	import my_module	import my_package import my_package.package_module1

규모	작은 코드 조각을 저장하거나 관리할 때 적합	관련된 여러 모듈을 그룹화하여 체계적으로 관리할 때 적합
목적	코드 재사용성 증가	코드 관리를 체계화
__init__.py 필요 여부	필요 없음	필요함
계층 구조	계층 구조 없음	서브 모듈, 서브 패키지로 계층이 분리

표준 라이브러리의 모듈과 패키지

표준 라이브러리는 파이썬에 기본적으로 제공되는 다양한 모듈과 패키지의 집합이다.

표준 모듈은 일반적으로 간단하고 직접적인 코드 기능을 제공한다.
                                                    예: math, os, sys 등

표준 패키지는 여러 관련 기능을 묶어 제공하며, 모듈 간의 관계가 명확하다.

표준 라이브러리 내의 모듈은 간단하고 빠르게 사용할 수 있는 기본적인 기능을 제공하며, 패키지는 여러 모듈을 하나의 큰 기능 그룹으로 제공하여 더 복잡한 작업을 지원한다.
                  예: datetime, urllib, json 등

</> 코드 살펴보기   소스코드 T11_08.py

표준 라이브러리 패키지

```python
import datetime # ①
now = datetime.datetime.now() # ②
print(now)
import os.path # ③
path = os.path.join("folder", "file.txt") # ④
print(path)
```

> **실행결과**　　　　　　　　 X
> 2024-11-28 00:35:38.195920
> folder\file.txt

코드 해설

위 코드에 사용된 datetime, os 패키지는 파이썬 표준 라이브러리에 포함된 패키지로 바로 사용할 수 있습니다.

① datetime 패키지는 날짜와 시간 관련 기능을 제공하는 패키지입니다.

② now() 함수를 통해 현재 날짜와 시간을 받아올 수 있습니다.

③ os 패키지는 운영 체제와 상호작용할 수 있는 다양한 기능을 제공하는 패키지로, os.path는 파일 시스템 경로를 다루는 함수들을 제공하는 서브 모듈입니다.

④ join() 함수를 사용해서 여러 개의 경로를 결합할 수 있습니다. 이때 운영 체제에 맞는 경로 구분자(윈도우에서는 \, 리눅스와 맥에서는 /)를 자동으로 처리해줍니다.

01 random 모듈에는 난수를 생성할 수 있는 random 함수가 정의되어 있다. random 모듈을 사용하여 난수를 만들어 출력해보자.

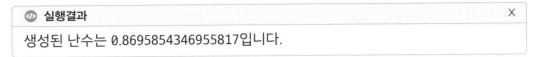

> **⟨/⟩ 실행결과**   X
>
> 생성된 난수는 0.8695854346955817입니다.

02 random 모듈의 random 함수를 직접 import 해서 난수를 만들어보자.

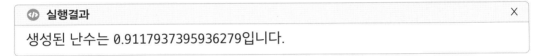

> **⟨/⟩ 실행결과**   X
>
> 생성된 난수는 0.9117937395936279입니다.

03 random 모듈을 별칭 r로 가져와서 난수를 만들어보자.

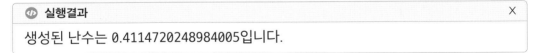

> **⟨/⟩ 실행결과**   X
>
> 생성된 난수는 0.4114720248984005입니다.

04 다음 코드가 정상적으로 동작될 수 있게 my_math 모듈을 만들어보자.

```
import my_math
print(my_math.add(1, 2))
```

05 my_math 모듈이 직접 실행될 때만 수행되는 코드를 작성해보자.

```
python3 my_math.py
이것은 테스트 코드입니다.


import my_math
# 아무런 출력 없음
```

01 소스코드 Q11_01.py

```python
import random
print(f"생성된 난수는 {random.random()} 입니다.")
```

02 소스코드 Q11_02.py

```python
from random import random
print(f"생성된 난수는 {random()} 입니다.")
```

03 소스코드 Q11_03.py

```python
import random as r
print(f"생성된 난수는 {r.random()} 입니다.")
```

04 소스코드 Q11_04.py

```python
# my_math.py
def add(a, b):
    return a + b
```

05 소스코드 Q11_05.py

```python
# my_math.py
def add(a, b):
    return a + b

if __name__ == "__main__":
    print("이것은 테스트 코드입니다.")
```

MEMO

MEMO

핵심노트

핵심 필기노트와 용어노트로
파이썬을 완전 정복해보자!

0장 파이썬 개발 환경 구축

📑 파이썬 버전

종류	설명
주 버전 (Major Version)	기존 코드와 호환되지 않는 큰 변화
부 버전 (Minor Version)	새로운 기능 추가되지만 호환 가능
수정 버전 (Micro Version)	버그 수정이나 보안 패치같은 작은 변화

📑 파이썬 설치

· 공식 웹사이트(www.python.org)에서 다운로드

· Download 페이지에 접속하면 자동으로 기기와 버전을 감지하여 추천

📑 IDLE
    └─ Integrated Development and Learning Environment

· 통합 개발 및 학습환경

· 파이썬 코드를 대화형으로 실행할 수 있으며, 종료를 위해서는 exit() 함수 또는 [Ctrl]+[D] 단축키

  사용

📑 주요 특징

특징	설명
높은 가독성	들여쓰기로 블록을 구분하는 등의 읽기 쉬운 구조
다양한 라이브러리 지원	데이터 분석이나 웹 개발 등, 바로 사용 가능한 강력한 라이브러리 지원
광범위한 응용 분야	간단한 분야부터 인공지능 등의 고도화 산업에서도 사용 가능
플랫폼 독립성	운영체제 상관없이 동일한 코드 실행 가능
강력한 커뮤니티와 생태계	매우 활발한 커뮤니티를 통해 쉽게 학습 및 개발 가능

1장 기본 개념

🔖 주석

- 코드의 특정 부분에 대한 설명을 덧붙이거나 임시 메모를 남길 때 사용

- 코드의 의도를 명확히 하고 다른 사람이 이해하기 쉽게 도움을 줌

- # 기호 뒤에 오는 내용은 프로그램 실행에 영향을 주지 않음

🔖 출력 함수

- print() 함수는 데이터를 화면(콘솔)에 표시하는 가장 기본적인 함수

- 괄호 안에 출력하고자 하는 값이나 변수를 넣으며, 여러 값을 한 번에 출력하려면 콤마(,)로 구분

- 기본적으로 출력 후 자동으로 줄이 바뀌지만, end 옵션을 이용해 출력 마지막에 추가될 문자(기본값 \n) 변경 가능

🔖 변수

- **변수 개념**: 데이터를 메모리에 잠시 저장해두고 필요할 때 다시 사용하기 위해 붙이는 이름표

- **변수 선언 및 값 할당**: = 기호를 사용하여 변수에 특정 값을 저장(할당)하며, 할당된 값은 나중에 변경 가능

- **여러 변수 활용**: 콤마(,)를 이용해 여러 변수에 동시에 값을 할당하거나, 두 변수의 값을 서로 맞바꾸는 작업도 간편하게 가능

  └ x, y = 10, 20   └ x, y = y, x

🔖 입력 함수

- **input 함수 기본**: 프로그램 실행 중에 사용자로부터 키보드로 데이터를 입력받을 때 사용하는 input() 함수

- 괄호 안에 사용자에게 보여줄 안내 메시지(prompt)를 넣을 수 있으며, 입력받은 내용은 항상 문자열(string) 타입으로 처리됨
- **정수형 입력**: 입력받은 문자열을 실제 숫자로 사용하려면 int() 함수 등을 이용해 원하는 숫자 타입(정수)으로 변환해야 함

2장 기본 자료형

🔖 논리형(Boolean Type)

- True(참) 또는 False(거짓) 두 가지 값만을 가지며, 조건이 맞는지 틀리는지를 나타내는 데 사용됨

- **논리형과 함께 사용하는 연산자**

연산자	설명
비교 연산자	두 값의 크기나 동일성을 비교하여 True 또는 False 결과를 얻음
논리 연산자	여러 개의 논리값을 조합하여 최종적인 참/거짓을 판단

     └ ==, !=, (,), (=,)=

- and(논리곱) : 양쪽 모두 참일 때 True
- or(논리합) : 하나라도 참일 때 True
- not(논리부정) : True/False 반전

🔖 숫자형(Number Type)

- 덧셈이나 뺄셈 등 수학적 계산이 가능한 데이터를 다루는 타입으로, 크게 정수형과 실수형으로 나뉨

- **숫자형 종류**

연산자	설명
정수형(Integer)	소수점 이하 부분이 없는 숫자로, 2진수, 8진수, 16진수도 표현 가능
실수형(Floating Point)	소수점을 포함하는 숫자를 나타내며, 매우 크거나 작은 수는 지수 형태로 표현

     └ 예: 10, -5, 0   └ 0b   └ 0o   └ 0x

     └ 예: 3.14, -0.5   └ 예: 1.5e2

- **숫자형 출력 형식화**: 숫자를 출력할 때 자릿수, 정렬 방식, 부호 표시 등 원하는 형태로 꾸미는 기능

주요 % 형식 코드
- %d : 10진수 정수   · %x/%X : 16진수 정수(소/대문자)
- %o : 8진수 정수   · %f : 실수(부동 소수점)

종류	설명
% 형식화	C언어 스타일의 방식으로, % 기호와 형식 지정 문자를 사용하여 출력 형식을 제어
f-string	Python 3.6부터 도입된 방식으로, 문자열 앞에 f를 붙이고 중괄호 {} 안에 변수와 콜론(:) 뒤 서식을 넣어 쉽고 직관적으로 형식을 지정(권장) %d, %f 등
format() 함수	문자열의 format() 메서드를 이용하여, 중괄호 {}와 인덱스/이름, 서식을 조합해 다양한 형식의 출력을 구현

- **숫자형과 함께 사용하는 연산자** 연산자 우선순위 : 수식 내 여러 연산자들의 계산 순서 규칙
(괄호) 산술) 비교) 논리 순으로 진행)

연산자	설명
숫자 연산자 +, -, *, /, //, %, **	기본적인 산술 계산 수행
비교 연산자 ==, !=, ( ), (=,)=	두 숫자 값 비교
논리 연산자	숫자 비교 결과 등 논리값 연산
대입/복합	대입 연산자	변수에 값을 할당하거나, 기존 값에 연산 결과를 누적 할당하여 코드를 간결하게 만듦

+=, -= 등   =   and, or, not

3장 시퀀스 자료형

📑 문자열

- **문자열 개념**: 여러 문자가 순서대로 나열된 데이터 타입으로, 한 번 만들어지면 내부 문자를 바꿀 수 없는 불변(immutable) 특징을 가짐
  '', "" 사용
- **문자열 생성**: 작은/큰 따옴표를 사용하며, 만약 따옴표를 포함해야 한다면 다른 종류의 따옴표 또는 이스케이프(\)를 활용
  여러 줄은 삼중 따옴표(''''''', """"""), 줄바꿈은 \n 사용
- **문자열 인덱싱**: 대괄호 []와 인덱스 번호를 이용해 특정 위치의 한 문자에 접근
  0부터 시작, 음수 가능
- **문자열 슬라이싱(순방향/역방향)**: [start:stop:step] 형식으로 콜론(:)을 사용하여 문자열의 특정 부분을 잘라내 새로운 문자열로 만듦

- **문자열과 함께 사용하는 연산자**

연산자	설명
숫자 연산자 _{+, *}	문자열 연결 또는 반복
비교 연산자 ==, !=, ⟨, ⟩, ⟨=, ⟩=	사전 순서 기준으로 문자열 비교
in/not in	특정 문자(열)이 포함되어 있는지 여부 확인

- **문자열과 함께 사용하는 내장 함수**

함수	설명
len()	문자열 길이
min()/max()	사전 순 최소/최대 문자
bool()	값을 논리형으로 변환(빈 문자열은 False)

- **문자열 함수(메서드)**: 텍스트 처리를 위한 다양한 기능 제공

함수	설명
count()	개수
upper()/lower()	대소문자
find()/index()	위치 찾기
split()	분리
strip()/lstrip()/rstrip()	공백/문자 제거
replace()	치환
join()	결합

📑 리스트

- **리스트 개념**: 숫자, 문자열, 다른 리스트 등 다양한 종류의 데이터를 순서대로 저장하는 매우 유용한 자료구조로, 요소의 추가/삭제/변경이 자유로운 가변(mutable) 타입 ⎯ [] 또는 list() 생성

- **리스트 인덱싱/슬라이싱(순방향/역방향)**: 인덱스 번호나 슬라이싱을 통해 리스트 내 특정 요소나 여러 요소에 접근하고 값을 변경하거나 추출

- **리스트 수정/삭제**: 인덱스 지정 후 새 값 할당으로 수정, del 키워드와 인덱스/슬라이싱으로 요소 삭제 가능

· 리스트와 함께 사용하는 연산자

연산자	설명
숫자 연산자^{+, *}	리스트 연결 또는 반복
비교 연산자^{==, !=, ( ), (=,)=}	요소 순차 비교
in/not in	특정 요소가 포함되어 있는지 여부 확인

· 리스트와 함께 사용하는 내장 함수

함수	설명
len()	리스트 내 요소의 개수
min()/max()	리스트 최소/최대 문자
bool()	값을 논리형으로 변환(빈 리스트는 False)

· **리스트 함수(메서드)**: 리스트 조작을 위한 강력한 기능 제공

함수	설명	함수	설명
append()	끝에 추가	pop()	위치 삭제/반환
extend()	리스트 확장	reverse()	역순
insert()	위치 삽입	sort()	정렬
copy()	복사	clear()	전체 삭제
remove()	값 삭제		

· **다차원 리스트**: 리스트 안에 다른 리스트를 넣어 표나 행렬과 같은 2차원 이상의 데이터를 효과적으로 표현 가능

🔖 **튜플**

· **튜플 개념**: 리스트처럼 순서 있는 요소들의 모음이지만, 생성 후에는 내부 요소 값을 변경할 수 없는 불변(immutable) 자료형

· **튜플 생성**: 소괄호 ()를 사용하거나 괄호 없이 콤마로 구분하여 생성하며, 요소가 하나일 때는 반드시 콤마(,)를 붙여야 함

· **튜플 인덱싱/슬라이싱**: 리스트와 동일하게 인덱스, 슬라이싱으로 요소 조회가 가능하나, 값을 변경하는 작업은 허용되지 않음

4장 비시퀀스 자료형

📕 집합(Set)

· **집합 개념**: 수학의 집합과 유사하게, 중복된 값을 허용하지 않고 저장 순서가 없는 고유한 요소들의 컬렉션

· **집합 생성**: 중괄호 {} 안에 요소 나열 또는 set() 함수 사용(단, 빈 집합은 반드시 set()으로 생성해야 함)
  └─ {}는 빈 사전

· **집합 연산자**

연산자		설명
|	union()	합집합
&	intersection()	교집합
−	difference()	차집합
^	symmetric_difference()	대칭 차집합

· **부분/상위 집합 확인** : 집합 간 포함 관계 확인

종류	설명
연산자	<=, <, >=, >
메서드	issubset(), issuperset(), isdisjoint()

· **요소 추가/삭제**

함수	설명
add()	단일 추가
update()	여러 요소 추가
remove()	값 삭제(없으면 오류)
discard()	값 삭제(없어도 통과)
pop()	임의 요소 삭제/반환
clear()	모두 제거

- 집합과 함께 사용하는 내장 함수

함수	설명
len()	집합 내 요소의 개수
min()/max()	집합 최소/최대 문자
bool()	값을 논리형으로 변환(빈 집합은 False)
in/not in	요소 존재 여부 빠른 확인

📑 사전(Dictionary)

- **사전 개념:** '키(Key)'와 그에 해당하는 '값(Value)'을 하나의 쌍으로 묶어 저장하는 매우 유용한

  └─ 중복 불가.

  자료형으로, 키는 고유해야 하며 순서가 없음

  └─ 3.7+부터는 입력 순서 유지.

- **사전 생성:** 중괄호 {Key: Value, ...} 형태로 키와 값을 콜론(:)으로 연결하거나, dict() 함수 사용

- **사전 연산**

종류	설명
값 접근/수정/추가	사전[Key] 형식으로 키를 이용해 값을 조회하거나 새 값을 할당하여 수정 또는 새 항목 추가 ┈ 키 없으면 조회 시 KeyError
안전한 값 조회	get(key[, default]) 메서드는 키가 없을 때 오류 대신 default 값 반환 └─ 기본값은 None
키(Key)존재 확인	in/not in 연산자 사용

- **사전과 함께 사용하는 내장 함수**

함수	설명
len()	사전 내 요소의 개수
min()/max()	키를 기준으로 최소/최대 문자
bool()	값을 논리형으로 변환(빈 사전은 False)

- **사전과 함께 사용하는 함수(메서드):**

함수	설명
keys():	모든 키(Key)들을 모아 보여주는 뷰(view) 객체 반환
values():	모든 값(Value)들을 모아 보여주는 뷰 객체 반환
items():	모든 (Key, Value) 쌍을 튜플로 묶어 보여주는 뷰 객체 반환
clear():	사전의 모든 항목(Key-Value 쌍) 제거
pop(key[, default]):	지정한 키(key)의 항목을 삭제하고 해당 값을 반환 ┈ 키 없을 시 오류 또는 default 반환

5장 조건문

🔖 if 문

· **if 문 개념**: 프로그램이 특정 조건의 참/거짓 결과에 따라 다른 코드 경로를 선택하여 실행하도록 하는 핵심 제어 구조

· **기본 if 문**
— 콜론(:)과 들여쓰기가 중요

형식	설명
if 조건:	참일 때 실행
if 조건: ... else:	참/거짓 분기
if 조건1: ... elif 조건2: ... else:	다중 조건 분기

· **중첩 if 문**: if 또는 else 블록 안에 또 다른 if 문을 넣어 더 세분화된 조건 처리 가능

· **if 문과 함께 사용하는 연산자**

연산자	설명
or	조건문이 하나만 참이어도 if 문 실행
and	모든 조건문이 참이어야 if 문 실행
not	조건의 참과 거짓을 반대로 뒤집음
in	주어진 값이 특정 자료형에 포함되어 있는지 확인

🔖 조건부 표현식

· **단순/중첩 조건부 표현식**: 간단한 if-else 문을 한 줄로 간결하게 표현하는 방식으로, 중첩 사용도
— 참결과 if 조건 else 거짓결과
가능하나 가독성 주의 필요

6장 반복문

📑 for 문

- **for 문 개념**: 리스트, 튜플, 문자열 등 반복 가능한(iterable) 객체의 각 요소를 처음부터 끝까지 하나씩 꺼내어 코드 블록을 반복 실행하는 제어문

- **for 문 문법**: for 변수 in 반복가능한객체: 형식으로 작성하며, 들여쓰기된 블록이 반복 실행됨

- **for 문과 함께 사용하는 자료형**: 시퀀스는 물론 비시퀀스 등 다양한 반복 가능 객체와 사용 가능
  - 리스트, 튜플, 문자열   집합, 사전(기본은 키 순회)

- **리스트 내포(List Comprehension)**: for 문과 선택적 if 문을 대괄호 [] 안에 결합하여, 간결하고 효율적으로 새로운 리스트를 생성하는 파이썬의 강력한 기능

- **for 문과 함께 사용하는 함수**

함수	설명
range(start, stop, step)	연속된 정수 시퀀스를 생성하여 정해진 횟수만큼 반복하거나 숫자 인덱스 순회 시 매우 유용(stop 값 미포함)
zip(iter1, iter2, ...)	여러 개의 반복 가능 객체를 같은 인덱스끼리 묶어 튜플 형태로 반환, 병렬적인 요소 처리 시 사용(가장 짧은 객체 기준 종료)

- **for 문과 함께 사용하는 if 문**: 반복문 내에서 if 문을 사용하여 특정 조건에 맞는 요소에 대해서만 원하는 작업 수행

- **이중 for 문**: for 문 블록 안에 또 다른 for 문을 사용하는 중첩 구조로, 2차원 리스트 처리나 조합 생성 등에 활용
  - 행렬

📑 while 문

- **while 문 개념**: 주어진 조건이 참(True)으로 평가되는 동안 들여쓰기된 코드 블록을 계속해서 반복 실행하는 제어문

- **while 문 문법**: while 조건: 형태로 작성하며, 반복문 내에서 조건이 언젠가 거짓(False)이 되도록 상태를 변경해주어야 함
  - 무한 루프 방지

- **이중 while 문**: while 문 안에 또 다른 while 문을 중첩하여 복잡한 반복 로직 구현 가능

📕 루프 제어 명령문

for 또는 while 문

- **break 문**: 현재 실행 중인 가장 안쪽의 반복문을 즉시 완전히 종료하고 빠져나옴

- **continue 문**: 반복문 내에서 continue를 만나면, 현재 반복의 나머지 실행 부분을 건너뛰고 바로

다음 반복 단계로 진행

7장 함수

📕 함수

- **함수 개념**: 특정 기능을 수행하는 코드 묶음을 정의하여, 필요할 때마다 이름으로 호출해 재사용

함으로써 코드의 중복을 줄이고 구조화 가능

- **함수 문법(정의/호출)**: def 함수명(매개변수): ... return 값으로 정의하고, 함수명(인자) 형태로

호출하여 사용

매개변수   반환값

- **다양한 함수 형태**: 입력이나 출력이 없을 수도 있으며, pass로 빈 함수 정의 가능

- 매개변수에 기본값 지정, 호출 시 키워드 인자 사용, 정해지지 않은 수의 인자를 받는 가변 인자

정의 가능

def fn(x, y=5):   fn(y=3, x=2)   *args[튜플], **kwargs[사전]

📕 람다 함수(익명 함수)

lambda 매개변수: 표현식

- **람다 함수 개념**: lambda 키워드를 사용하여 이름 없이 간단한 기능을 한 줄로 정의하는 함수

- **람다 함수와 함께 사용하는 함수**: 주로 map(), filter(), sorted() 등의 인자로 전달되어 코드 간결화

각 요소에 함수 적용   정렬 기준 지정

조건에 맞는 요소 필터링

📕 재귀 함수

- **재귀 함수 개념**: 함수 정의 내부에서 자기 자신을 다시 호출하는 방식으로 동작하는 함수로, 반드

시 재귀 호출을 멈추는 종료 조건(base case) 포함 필요

8장 클래스

📖 클래스(Class)

└─ 데이터와 관련 기능을 묶은 것

· **클래스 개념**: 특정 종류의 객체를 찍어내기 위한 설계도 또는 틀(template) 역할 수행

· **메서드만 있는 클래스/메서드와 변수가 있는 클래스**: 클래스는 주로 관련된 함수(메서드)들의 모음으로 정의되거나, 객체의 상태(속성/변수)와 그 상태를 조작하는 기능(메서드)을 함께 포함

· **클래스의 선언과 생성자와 객체 생성**: class 키워드로 선언, 객체 생성 시 자동 호출되는 __init__(self, ...) 메서드(생성자)로 속성 초기화, 클래스명() 호출을 통해 실제 객체(인스턴스) 생성

📖 상속(Inheritance)

· **상속 개념**: 기존 클래스의 속성과 메서드를 새로운 클래스가 그대로 물려받아 코드의 재사용성 높이는 객체 지향 기법

　　└─ 부모/슈퍼 클래스　　　　└─ 자식/서브 클래스

· **상속 문법**: class 자식클래스명(부모클래스명): 형식으로 정의

용어	설명
부모 클래스(Super Class)	기능을 물려주는 클래스
자식 클래스(Sub Class)	기능을 물려받는 클래스

· **오버라이딩(Overriding)**: 자식 클래스에서 부모 클래스로부터 상속받은 메서드를 동일한 이름으로 다시 정의하여, 자식 클래스에 맞는 동작으로 변경

9장 예외 처리

📑 오류 발생

· 프로그램 실행 중 예상치 못한 문제 발생 시, 처리되지 않으면 프로그램은 즉시 비정상 종료됨

└─── 오류/예외

📑 예외 처리

· 예외 처리 개념: try-except 등을 사용하여 실행 중 발생 가능한 오류(예외)를 예상하고 대비하

여, 프로그램이 중단되지 않고 안정적으로 계속 실행되도록 관리하는 방법

· 예외 처리 문법

try ── 예외 발생 가능 코드 실행

except 예외종류: ── 해당 예외 발생 시 처리

else: ── 예외 미발생 시 실행

finally ── 예외 발생 여부와 상관없이 항상 실행

· 예외 처리 종류(자주 발생하는 예외 유형들)

예외	설명
NameError	정의되지 않은 변수/함수 사용 시
TypeError	연산/함수에 부적절한 데이터 타입 사용 시
ValueError	타입은 맞으나 값이 부적절할 때
IndexError	리스트 등의 인덱스 범위 벗어났을 때
KeyError	사전에 없는 키 사용 시
AttributeError	객체에 없는 속성/메서드 접근 시
FileNotFoundError	존재하지 않는 파일 접근 시
ZeroDivisionError	숫자를 0으로 나누려 할 때

예: int("문자")

- **여러 예외 처리:** 하나의 try 블록에 여러 except 블록을 두어 각기 다른 종류의 예외를 개별적으로 처리 가능

- **Exception:** 모든 내장 예외 클래스의 최상위 부모 클래스로, except Exception as e:와 같이 사용하면 대부분의 예외를 포괄적으로 처리 가능
  └─ 오류 정보는 e에 담김

- **raise:** 특정 조건에서 개발자가 의도적으로 예외를 발생시켜야 할 때 사용하는 키워드
  └─ raise 예외종류("오류 메시지")

10장 파일 입출력

📑 파일 열기/닫기

- **파일 열기:** 디스크의 파일에 접근하기 위해 open(file, mode) 함수를 사용하여 파일 객체를 얻는 과정

모드	설명
r	읽기(기본값, 파일 없으면 오류)
w	쓰기(파일 있으면 덮어씀, 없으면 생성)
a	추가(파일 끝에 이어 쓰기, 없으면 생성)

- **파일 닫기:** 파일 작업 완료 후 close() 메서드를 호출하여 파일 시스템 자원을 반납하는 것이 중요

- **with 문 사용:** with open(...) as f: 구문을 사용하면, with 블록 종료 시 파일 객체 f가 자동으로 닫히므로 더 안전하고 편리함(권장)

📑 파일 쓰기

- **write 함수:** 파일 객체의 write(문자열) 메서드로 파일에 텍스트 데이터 기록
  └─ 'w' 또는 'a' 모드 필요

- **writelines 함수:** 파일 객체의 writelines(문자열_리스트) 메서드로 리스트 내 여러 문자열을 파일에 순차적으로 기록
  └─ 줄바꿈 자동 추가 안 됨

📑 파일 읽기

- **read 함수**: 파일 객체의 read(size) 메서드로 파일 내용 전체 또는 지정 size만큼 읽어 하나의 문자열로 반환

  `r 모드 필요`

  `줄바꿈 문자 포함`

- **readline 함수**: 파일 객체의 readline() 메서드로 파일에서 한 줄씩 읽어 문자열로 반환

- **readlines 함수**: 파일 객체의 readlines() 메서드로 파일의 모든 줄을 읽어 각 줄을 요소로 하는 문자열 리스트 반환

  `파일 끝이면 빈 문자열`

11장 모듈과 패키지

📑 모듈(Module)

`함수, 클래스, 변수 등`

- **모듈 개념**: 관련된 파이썬 코드를 담고 있는 .py파일 단위로, 코드 재사용 및 관리 용이성 증대

- **모듈 문법(가져오기)**: import 문을 사용하여 다른 모듈의 기능을 현재 파일에서 사용할 수 있도록 불러옴

  `import 모듈, from 모듈 import 요소, import 모듈 as 별칭`

📑 사용자 정의 모듈

- **사용자 정의 모듈 개념**: 프로그래머가 직접 작성한 .py파일을 모듈처럼 사용하는 것

- **모듈의 위치**: 파이썬이 모듈을 찾기 위해서는 해당 파일이 현재 작업 디렉터리 또는 sys.path에 등록된 경로 중 하나에 위치해야 함

- **사용자 모듈 사용**: 다른 파이썬 파일에서 import 문을 통해 정의된 함수나 클래스 등을 가져와 활용

- **모듈의 직접 실행과 임포트 실행 구분**: if __name__ == "__main__": 조건 블록 내 코드는 해당 모듈 파일이 직접 실행될 때만 동작하고, 다른 곳에서 import 될 때는 실행되지 않음

  `테스트 용도 등`

📑 **패키지(Package)**

· **패키지 개념**: 관련된 여러 모듈들을 하나의 디렉터리 구조로 묶어 관리하는 방법으로, 보통 __

    init__.py 파일을 포함
           └── 폴더
               └── 패키지 식별 및 초기화 역할

· **모듈과 패키지의 차이점**

항목	모듈	패키지
단위	단일 .py 파일	모듈/서브 패키지 담는 디렉터리
구조	단일 계층	계층적 구조 가능(서브 패키지)

· **표준 라이브러리의 모듈과 패키지**: 파이썬 설치 시 기본적으로 제공되는 방대한 양의 유용한 모듈

    과 패키지 모음(math, os, datetime, json 등)

핵심 용어노트

O장 파이썬 개발 환경 구축

1장 기본 개념

2장 기본 자료형

3장 시퀀스 자료형

4장 비시퀀스 자료형

5장 조건문

6장 반복문

7장 함수

8장 클래스

9장 **예외 처리**

10장 파일 입출력

11장 모듈과 패키지

모듈(Module) ▶ 286쪽

파이썬 코드를 담고 있는 파일

import ▶ 286쪽

모듈이나 패키지를 현재 스크립트로 불러오는 키워드

from ... import ... ▶ 287쪽

모듈에서 특정 이름(함수, 클래스 등)만 불러오는 구문

as ▶ 289쪽

모듈이나 불러온 이름에 별칭을 부여하는 키워드

__init__.py ▶ 294쪽

파이썬이 디렉터리를 패키지로 인식하게 하는 특별한 파일

패키지(Package) ▶ 294쪽

관련된 모듈들을 담고 있는 디렉터리

표준 라이브러리(Standard Library) ▶ 295쪽

파이썬에 기본적으로 포함되어 제공되는 다양한 모듈들의 모음

MEMO